SI
LES TRAITÉS DE 1815
ONT CESSÉ D'EXISTER?

ACTES DU FUTUR CONGRÈS

PAR

P.-J. PROUDHON

Troisième Édition

PARIS

E. DENTU, LIBRAIRE-EDITEUR

PALAIS-ROYAL, 17 ET 19, GALERIE D'ORLÉANS

1864

Tous droits réservés.

TABLE DES MATIÈRES

I. — Gravité de la question. — Que les paroles de l'Empereur doivent être prises dans un sens hyperbolique et figuratif.. 5

II. — Théorie générale des traités de paix : ce sont tout à la fois des conventions et des jugements. — Distinction à faire entre les *motifs* et le *dispositif*. — Traités de Westphalie et de Vienne : pensée de fédération et garantie mutuelle. Ces actes, dans ce qu'ils ont d'essentiel, sont irréformables et indestructibles................ 14

III. — Rapport entre le droit public des États et le droit international créé par les traités de 1815. — L'ère des constitutions.. 26

IV. — Des modifications faites aux traités de 1815 et de leurs confirmations. Comment on a fait prendre sur ce point le change à l'opinion. — Questions d'Espagne, de Belgique, de Neuchâtel. Révolution de Juillet; rétablissement de la dynastie des Bonaparte................ 40

V. — Continuation du même sujet. — Aux traités de 1815 on oppose les principes de nationalité et des frontières naturelles : impuissance de cette opposition. Question italienne et hongroise............................ 54

VI. — Question polonaise................................ 65

VII. — Conclusion. — Les traités de 1815 sont indestructibles suite que le futur congrès est appelé à leur donner... 102

Paris. imp. de L. Tinterlin, rue Neuve-des-Bons-Enfants, 3.

SI
LES TRAITÉS DE 1815
ONT CESSÉ D'EXISTER ?

ACTES DU FUTUR CONGRÈS

I. — Gravité de la question. — Que les paroles de l'Empereur doivent être prises dans un sens hyperbolique et figuratif.

NAPOLÉON III l'a dit en propres termes : *Les traités de 1815 sont déchirés; Les traités de 1815 n'existent plus.* A cette nouvelle, sénateurs, conseillers d'État, représentants, ministres, ont été stupéfaits; la presse s'est émue, la Bourse a baissé de 10 centimes; l'Autriche proteste, l'Angleterre goguenarde, la Russie se frotte les mains, la Pologne espère quand même, le *Siècle* applaudit, chauvins, jacobins et crétins sont dans la jubilation. Après quinze jours tout le monde se demande : Que va-t-il sortir de là? Sera-ce la paix? Sera-ce la guerre? Que nous annonce ce message? Qu'est-ce enfin que cela veut dire?

Les traités de 1815 *ont cessé d'exister!* Est-ce vrai, d'abord? Est-ce croyable? Est-ce seulement possible? Qui oserait l'assurer? Quelle pourrait être la cause de cette résiliation? On parle d'infractions : quels sont les infracteurs? Les peuples ou les souverains? Quel intérêt les uns et les autres auraient-ils à la chose? J'ai lu le discours impérial ; j'attends des ministres de la parole de plus amples éclaircissements.

Si les traités de 1815 n'existent plus, il n'y a plus de droit public européen : Messieurs des grands journaux ont tout d'abord tiré cette conséquence. Sur quoi dès lors repose l'existence des nations? Où sont leurs garanties? Sans droit public, l'Europe est en état de guerre. Rien ne saurait empêcher les États de se ruer les uns sur les autres : que vont devenir les petits dans l'entre-choquement des grands?

Si les traités de 1815 sont abrogés, il n'y a plus de frontières légales : où finissent la Prusse, l'Autriche, la France, l'Italie, l'Allemagne, la Russie, la Suède? A qui le Rhin? A qui la Vistule? A qui le Danube, Constantinople, Gibraltar, l'Adriatique?

Si les traités de 1815 sont abolis, les nationalités, dont on parle tant, vont sans doute apparaître dans l'intégrité de leurs origines ; partout l'indigène va se séparer de l'étranger. Ce sera comme au jour de la résurrection, les enfants de la patrie à droite, les autres à gauche. Quel triage!...

Si les traités de 1815 ont cessé d'exister, il n'y a plus que la force. Le système européen, tellement quellement établi par les traités, est à *reconstruire*, l'Empereur le dit lui-même. Mais en vertu de quel droit? Du droit de la guerre, naturellement, puisque toute création débute par un antagonisme, et que par la destruction des traités nous nous trouvons reportés au commencement du monde, au temps où la force faisait seule tout le droit. Aux armes donc, et souvenez-vous, peuples, que pour vous former en États, la première condition étant de vous mesurer, votre devoir est de bien vous battre !

Que dis-je ? Si les traités de 1815 n'existent plus, allons jusqu'au bout, et déclarons encore que le Code civil n'existe plus, que le Code de commerce est abrogé, que le Code pénal n'a plus de raison d'être. Manque-t-il de gens qui chaque jour violent le respect des lois, aussi bien en ce qui concerne les personnes que les propriétés ? Abolissez la douane, vous n'aurez plus de contrebande. Abolissez la propriété, il n'y aura plus de voleurs. Abolissez la peine de mort, vous n'aurez que faire du bourreau. Ainsi l'infraction aux lois, le mépris des traités, auraient justement pour résultat, si l'on poussait le raisonnement à outrance, de faire abolir les lois et annuler les traités ! Les personnes et les propriétés restant sans garanties, la justice privée de sanction, la violence et le crime seraient maîtres, et prendraient leur revanche... Singulière politique que celle qui aboutit à de pareilles conséquences !...

Mais peut-être que j'exagère les conséquences du discours impérial. Si les traités de 1815 ont cessé d'exister, cela veut dire simplement que nous rentrons dans un *statu quo* quelconque. Telle est sans doute la pensée de l'Empereur. Esprit pratique, judicieux, prévoyant, il n'a pas voulu dire que, pour le déchirement de quelques parchemins, l'Europe dut être livrée à une conflagration générale. Dans quel *statu quo* rentrons-nous alors? Estce le *statu quo* de 1812, de 1804, ou de 1802? Le *statu quo* de 1797 ou celui de 1789? Le *statu quo* de 1772, de 1762, de 1748, de 1734, de 1712, de 1678, de 1648? Les traités de Vienne annulés, revenons-nous à celui de Tilsitt, d'Amiens, de Campo-Formio, d'Aix-la-Chapelle, d'Utrecht, de Nimègue ou de Westphalie? Il n'y a pas de raison pour que l'on préfère l'un de ces *statu quo* à l'autre, attendu qu'il n'en est pas un qui, pour une moitié au moins de l'Europe, ne soit absolument inacceptable. Garderons-nous, en attendant mieux, le *statu quo* actuel? Combien durera-t-il? Qui peut assurer qu'il finisse jamais? Donc les traités de 1815 existent, au moins à titre provisoire, et comme tous les traités du monde : autant valait ne pas déclarer leur abrogation et nous épargner cette peur.

Les traités de 1815, avez-vous dit, ont cessé d'exister. A la bonne heure. Le moins qui résulte de cette proposition, c'est apparemment que nous allons procéder au remaniement de la carte politique de l'Europe. Sans cela le Discours impérial aurait, comme on dit vulgairement, enfoncé une porte ouverte, tiré un coup d'épée dans l'eau. Le peuple, qui ne se paye pas toujours de mots, ne manquerait pas d'en faire la réflexion. Or, indépendamment des contestations sans fin que ne peut manquer de soulever une délimitation nouvelle, il est un point qui nous intéresse entre tous : c'est de savoir quel sera le nombre total des États, conséquemment quelles seront leurs grandeurs relatives. Pense-t-on, par la multiplication des souverainetés, en allonger la liste, ou bien, par leur plus grande étendue, la réduire? En autres termes, quels seront les *maxima* et les *minima* des puissances en population et territoire ? Cette question est de la plus haute importance pour la liberté intérieure des nations de même que pour l'harmonie de leurs rapports. Chacun sait que dans les États monstres l'esprit de conquête et l'absolutisme rencontrent bien moins d'obstacles que dans les petits. Les Juifs, attendant le Messie, rêvaient la domination de l'univers. Je demanderais plutôt que dans les six ou sept grandes puissances actuellement existantes, on taillât soixante souverainetés nouvelles. L'Allemagne, par exemple, conservera-t-elle tous ses cercles, ou sera-t-elle ramenée à un seul ? L'Europe se composera-t-elle en totalité de deux cents États, ou seulement d'une douzaine ? Ces États seront-ils égaux entre eux, et, dans ce cas, comment pense-t-on concilier l'égalité avec la nationalité ? Ou bien s'attachera-t-on au principe de nationalité sans égard à la raison d'équilibre, et dans ce cas quelle est la loi de délimitation ? Qu'entend-on par *nationalités* Y en a-t-il autant que de races ? Faut-il ajouter à la race la caractéristique du culte et de la langue ? Y joindra-t-on encore la forme du gouvernement ? Regardera-t-on comme faisant partie d'une nationalité, les fractions de nationalités étrangères qu'elle s'est assimilées politiquement ? Nous tournons alors dans un cercle vicieux. En quoi consiste l'assimilation ? Qu'est-ce qui fait la race ? Quelle est l'influence du culte et des idiomes ?..... Ah ! si un peu de hasard, voire même d'arbitraire, doit, ce qui semble inévitable, se glisser dans les actes du futur Congrès, que peut-on franchement reprocher à celui de Vienne ?

Les traités de 1815 ont cessé d'exister. Mais, pour qu'une semblable déclaration eût quelque portée, il faudrait qu'elle fût faite à la majorité au moins des signataires. *Quid*, si les empereurs d'Autriche et de Russie, les rois de Prusse, de Bavière, de Suède et Norwége, de Danemarck, de Saxe, de Hanovre, de Belgique, de Hollande, d'Espagne, d'Italie, de Portugal, d'Angleterre, de Grèce, etc., vous répondent : *Les traités de* 1815 *sont maintenus ?* L'empereur des Français poursuivra-t-il, seul contre tous, l'abrogation des traités ? C'est impossible ; et puis, dans quel but ? Il l'a dit lui-même, il ne veut rien entreprendre isolément, il ne réclame rien pour soi seul ; toute son ambition est de prendre l'initiative des grandes choses. De quelque côté qu'on la tourne, la proposition du message, si elle venait de tout autre que d'un Empereur, serait considérée au moins comme téméraire.

Les traités de 1815 ont cessé d'exister ! Vous avez donc un autre pacte à proposer à l'Europe, un droit nouveau, plus rationnel, plus complet, plus efficace plus intelligible. En effet, vous faites appel à un Congrès. Déjà les puissances ont reçu leurs lettres de convocation. Certes, il n'est aucun de nous, Français, qui ne soit sensible à l'honneur que va recevoir notre pays en réunissant dans sa capitale une assemblée aussi auguste. Mais la question n'est pas là. Je me demande si ces SOUVERAINS, comme les appelle le Discours impérial, seront vraiment des plénipotentiaires idoines ? Quelle sera leur compétence ? Seront-ils porteurs d'un mandat ? Car enfin, à l'exception de l'empereur de Russie, Alexandre II, dont l'autorité repose sur le principe patriarcal, et de l'empereur des Français Napoléon III, à qui la nation permet de faire à peu près tout ce qu'il veut, il n'y a plus en Europe de monarques absolus. Tous ont vu leurs prérogatives plus ou moins modifiées par le nouveau régime constitutionnel. Comment donc ces hauts fonctionnaires, qui par eux-mêmes n'ont pas le droit de lever un centime de contribution dans leurs États, auraient-ils celui de traiter de leur possession et de remanier la carte de l'Europe? Victor-Emmanuel a encouru le blâme universel en 1859 en troquant contre la Lombardie, que lui remit Napoléon III, des populations auxquelles il tenait à la fois et par lien patriotique et par lien patrimonial. Allons-nous, sous prétexte de réviser les traités de 1815, en renouveler les scandales? Est-il sûr que les nations consentent, aujourd'hui comme en 1815, à se laisser donner en propriété et usufruit à qui l'on voudra? Et si elles n'y consentent pas, si elles refusent leurs ratifications, à quoi aura servi la convocation des *Souverains*?

Tout est bien qui finit bien. J'aime à croire, et j'en caresse volontiers l'espérance, que le futur Congrès, que cette amphictyonie de l'Europe, parlant au nom du Droit et de la Liberté des nations, votant à la majorité des suffrages, agissant en souveraine, se montrera animée des pensées les plus généreuses; qu'elle saura imposer au monde les institutions de la paix, faire taire les ambitions et contraindre les réfractaires. Mais il se peut qu'il en soit autrement; que les SOUVERAINS ne se voient à Paris, comme en 1823 à Vérone, que pour élever des barrières contre la *Révolution*, et que, sous prétexte d'ordre international, ils ne se liguent contre les libertés du monde. Quelle raison avons-nous de croire que ce nouveau droit des gens, amendé par une majorité de souverains plus ou moins bien intentionnés, soit plus favorable à la civilisation que celui de 1815 ? C'est votre espérance : j'aimerais mieux une certitude. Sans cela, je ne vois pas la nécessité de courir au devant d'une loi nouvelle, de susciter une autorité qui peut se changer du jour au lendemain en une contre-révolution.

Ces réflexions, qui se présentent à tout homme de sens rassis, m'ont d'abord mis en soupçon. J'aime que les souverains, puisque souverains il y a, restent chez eux, et je me méfie de leurs conciliabules. Si Napoléon III, me disais-je, en déclarant les traités de 1815 abolis et en convoquant un Congrès, n'a pris conseil que de lui-même, son idée est peu dangereuse ; c'est une fantaisie sans aboutissement. S'il s'est mis d'accord avec les princes, qui peut dire ce que nous promet cette autre Sainte-Alliance !... Voilà à quoi je réfléchissais. Puis, à force de réfléchir, je me suis dit que peut-être le discours impérial ne devait point être pris au pied de la lettre, *in sensu obvio ;* qu'il fallait ici faire la part de la métaphore et de l'hyperbole, je dirai même d'un certain mysticisme, chercher la pensée du chef de l'État par voie interprétative ; que sans cela on était conduit à trouver dans cette communication, plus oratoire que diplomatique, je ne sais quoi d'inconsidéré qui répugne au caractère du personnage, et qui ressemblerait à un coup d'État, pour ne pas dire à un coup de tête. Conclusion irrévérencieuse qui naturellement ne se peut admettre.

Tout le monde sait que, Président de la République et personnellement responsable, Louis-Napoléon avait pris, sous la Constituante et la Législative, l'habitude d'écrire seul ses messages : ses ministres en obtenaient connaissance en même temps que les représentants. Je ne pense pas que depuis le rétablissement de l'Empire il ait abandonné cette méthode, beaucoup plus dans l'esprit de la Constitution de 1852 que dans celle de 1848. Jaloux de se mettre en rapport avec les masses auxquelles il doit sa haute fortune, Louis-Napoléon paraît avoir senti que le style officiel, épluché, des anciens discours de la couronne, pas plus que la précision philosophique, ne lui convenait. Il a sacrifié davantage à l'imagination populaire, au langage figuré, au lieu commun. A la suite d'un très-beau sermon prêché par un évêque dans une tournée pastorale, un paysan, que l'éloquence du prélat avait touché, s'approchant, lui dit : « Monsei-« gneur, mon esprit ne vous comprend pas, mais mon « âme vous sent. » Il en est ainsi de l'Empereur : le peuple qui le lit ne le comprend pas, mais il le sent. Le contraire a lieu pour les gens instruits dont l'intelligence réflexive est sans point de contact avec une faculté de pure intuition, et qui ne le sentent ni ne le comprennent. Jamais ce phénomène singulier, que j'ai observé il y a longtemps pour la première fois dans les écrits de Louis-Napoléon, ne m'a plus frappé que dans cette dernière circonstance (1).

(1) L'opinion émise dans le texte sur la manière dont il convient de lire le discours de l'Empereur ne m'est pas particulière. Voici ce qu'on lit dans le *Times* du 17 novembre, cité par *la Presse* du 18 :

« Le discours qui a précédé la proposition de Congrès a produit une

Quoi qu'il en soit, averti par la gravité de la proposition et le danger des conséquences, surtout en voyant les absurdes commentaires du journalisme officieux et applaudisseur, j'ai senti à mon tour que pour saisir la pensée impériale il fallait aller au delà du texte, considérer de haut, dans leur formation et dans leur pensée, les traités de 1815, quelle en a été depuis cinquante ans l'influence, quelles modifications ils ont pu subir, ce qui arriverait s'ils venaient à être abrogés, ou si par hasard ils ne seraient pas, dans tout ce qu'ils ont d'essentiel, indestructibles. J'ai cru que cette recherche serait la meilleure interprétation du message, qu'elle éclairerait le peuple, rassurerait l'opinion, et, le cas échéant, ne serait pas inutile aux travaux des plénipotentiaires du futur Congrès.

II. — Théorie générale des traités de paix : ce sont tout à la fois des conventions et des jugements. — Distinction à faire entre les *motifs* et le *dispositif*. — Traités de Westphalie et de Vienne : pensée de fédération et garantie mutuelle. — Ces actes, dans ce qu'ils ont d'essentiel, sont irréformables et indestructibles.

Tout jugement rendu par un tribunal, tout arrêt de Cour, se compose de deux parties essentielles; l'une qui

« telle sensation, que l'Empereur semble vouloir *reculer* de la proposition
« prise à l'ouverture des Chambres. On prétend que ses paroles ont été
« une *forme de langage* signifiant seulement que les affaires de l'Europe ne
« sont pas arrangées, que beaucoup d'affaires sont pendantes, et qu'il
« vaudrait mieux les prendre en considération. On prétend que l'Em-
« pereur *fait beaucoup de cas de certaines parties des traités*, et qu'il vou-
« drait les voir confirmer par d'autres traités. L'Empereur a le droit
« *d'expliquer* ses paroles et de *les retirer*. »

comprend les *motifs*, l'autre qui forme le *dispositif*. Par les motifs ou considérants, le juge précise la cause, la détermine en fait et en droit, dans le fond et dans la forme, et la juge ; par le dispositif, il statue en conséquence sur l'intérêt des parties.

D'après cela, on conçoit que ce qui importe le plus aux plaideurs, qui généralement tiennent peu aux considérations développées par le juge pourvu qu'ils obtiennent gain de cause, c'est le dispositif. Mais devant la société, pour qui le droit est tout et les intérêts particuliers fort peu de chose; devant les tribunaux supérieurs, qui peuvent être appelés à réviser le jugement; devant l'école et devant la philosophie, ce n'est plus la même chose : les motifs, presque seuls, importent ; ils sont la partie vraiment intéressante, sacrée, éternelle, des actes judiciaires.

Il en est ainsi des traités internationaux conclus entre puissances, sous les auspices de ce qu'on appelle la Victoire : ces traités sont de véritables actes judiciaires, des jugements.

Jusqu'en 1648, date du fameux traité de Westphalie, on peut dire que tous les traités de paix ont reposé sur ce motif unique, que la Victoire tranchait la question litigieuse en faveur du plus fort, exactement comme aurait fait une sentence arbitrale. Il ne s'agit point en ce moment de rechercher ce que peut avoir de rationnel, de moral et de juste cette juridiction de la force. Je dis que telle a été la pratique du genre humain depuis le commencement du monde jusqu'à l'an 1648, où pour la première fois il y fut fait solennellement une réserve immense, dont nous nous occuperons tout à l'heure. Je dis que de cette pratique universelle est sorti une espèce de droit, qu'on a appelé *Droit de la guerre*, sur lequel ont été motivés dans tous les temps les jugements ou traités, d'ailleurs plus ou moins équitables, survenus entre belligérants.

« Attendu, disait-on, qu'une difficulté s'est élevée, au sujet de x, entre les habitants de la ville de A et ceux de la ville de B ;

« Que ce litige, après de vains efforts pour le régler à l'amiable, a dû être vidé par les armes ;

« Attendu que la victoire s'est prononcée en faveur de A ;

« Attendu que d'après la conscience et la pratique universelle, la décision de la force en pareille circonstance est considérée comme faisant droit ;

« Les deux villes, voulant mettre un terme à l'effusion du sang, sont convenues entre elles de ce qui suit, etc. »

Tel est, je le répète, l'esprit de tous les traités de paix conclus depuis l'origine du monde jusqu'à nos jours, sauf les exceptions et réserves apportées successivement, depuis l'année 1648, par les actes de Westphalie et de Vienne. Dans tous ces actes, qui, je le répète, sont tout à la fois des conventions et des jugements, les puissances belligérantes sont en même temps vis-à-vis d'elles-mêmes, juges et parties : la nécessité le voulait ainsi.

Deux conséquences, et de la plus haute gravité, résultent de là : l'une, c'est que dans tout traité de paix il existe un élément juridique, spiritualiste, indestructible par conséquent, supérieur à toute volonté humaine, savoir, que la force peut devenir, en certains cas, une raison de droit. Le surplus, ou le dispositif, que l'on considère habituellement comme le traité même, est périssable : il peut être annulé, détruit, soit par l'accord des parties, soit par une révolution de la force.

Ainsi tout traité de paix se compose essentiellement de deux parties : 1° un motif ou considérant de droit, hypothétique ou réel, je ne l'examine pas quant à présent, mais universellement admis, et, comme tel, irréformable ; 2° un règlement d'intérêts, qui peut changer toujours et se modifier à l'infini.

La seconde conséquence, non moins importante que la première, et qui résulte de l'application du droit de la force, est celle-ci : que le litige survenu entre les deux puissances peut être tel que le jugement entraîne l'absorption de l'une par l'autre et supprime la nationalité de celle-ci au profit de celle-là : c'est ainsi que se sont formés à toutes les époques, par annexions successives, les grands États. Dans ce cas, tout traité de pacification qui aurait pu exister antérieurement entre les belligérants est abrogé, en vertu du même droit de la force, non-seulement quant à ses clauses, mais quant à la personne même du vaincu, c'est-à-dire quant à la nationalité la plus faible. Cela ne signifie point que la nation vaincue doive être massacrée, transportée ou dispersée ; mais seulement qu'elle perd son indépendance politique et qu'elle fait désormais, sauf retour de fortune ou révolution de la force, partie intégrante des possessions du vainqueur. C'est ainsi que tous traités existant autrefois entre la Pologne et la Russie ont été abrogés, et quant à leurs clauses et quant à la reconnaissance de la nationalité polonaise, tant par les partages de 1773, 1794 et 1796, que par les traités même de 1815. A moins d'une insurrection triomphante ou d'une dissolution de l'empire russe, qui rendrait à elles-mêmes toutes ses provinces, la Pologne est condamnée à suivre la destinée de la Russie, qui en dispose par droit de conquête, sans qu'aucune autre puissance puisse y faire obstacle.

Venons maintenant au traité de Westphalie. J'ai dit que ce traité, qui a mis fin à la guerre de *Trente-Ans*, avait introduit dans le droit des gens une modification considérable. Il a reconnu, contrairement aux idées qui depuis un temps immémorial avaient cours dans le monde, non pas que le droit de la guerre jusqu'alors observé fût une chimère, un préjugé de la barbarie : personne n'y eût ajouté foi; il a déclaré seulement ceci, que l'hypothèse d'une monarchie universelle, conséquence extrême du droit de la guerre, admise par les anciens peuples, notamment par les Romains et par l'Église, était chimérique; qu'ainsi, quelles que fussent les guerres qui pourraient à l'avenir désoler les nations chrétiennes, ces guerres ne pouvaient aller jusqu'à les absorber toutes en une seule et à renouveler de la sorte l'expérience d'un État unique; que, sauf la délimitation à faire des territoires, la pluralité des puissances était à l'avenir reçue en principe, et, autant que possible, maintenue par leur égalité ou *équilibre*.

Depuis cette époque, le principe d'équilibre a été reçu dans le Droit des gens : en sorte qu'on peut dire, en toute logique et vérité, que, si le droit de la victoire ou la raison de la force est le premier article du Droit des gens, la pluralité des puissances, et par suite la raison d'équilibre en est le second. C'est en vertu de ce principe que la Prusse s'est constituée et développée au nord de l'Allemagne, et que les victoires de Frédéric II sont devenues irrévocables; c'est au contraire contre ce même principe qu'agissait Napoléon Ier lorsque, comme il l'avoua plus tard dans le préambule de l'*Acte additionnel*, il organisait son *grand système fédératif* européen, qui n'était autre chose qu'une féodalité nouvelle dont la France unitaire devait avoir le commandement.

Le principe de la pluralité des puissances souveraines, introduit dans le Droit des gens, à la suite de la Réforme, à la place du principe d'unité qu'avait posé le pacte de Charlemagne, en autres termes, la loi politico-économique de la division de la collectivité humanitaire en États indépendants, protégés par leur équilibre, est une idée essentiellement fédéraliste, qui a changé le cours de la civilisation, et dont l'influence, descendue de si haut, ne peut manquer de transformer à la longue, partout où elle existe, l'unité intérieure ou la centralisation des États. La Révolution française devait reprendre cette tradition du traité de Westphalie : on sait par quelle fatalité de circonstances nous avons changé la FÉDÉRATION de 89 en République *une et indivisible*, et sommes redevenus en ce point plus catholiques, plus papistes, que Charlemagne et tous ses descendants.

Depuis 1648, les puissances signataires du traité de Westphalie ont toutes éprouvé dans leur constitution géographique des changements. Les unes ont gagné, les autres ont perdu; il y a eu des transformations : je ne crois pas qu'aucune ait péri, l'équilibre qui les protége toutes s'est au contraire consolidé. Sous ce rapport, on peut dire que le traité de Westphalie, dans son dispositif comme dans ses motifs, n'a pas cessé d'exister. Tous les remaniements qu'on ferait de la carte politique de l'Europe ne l'abrogeraient point. Tant qu'il y aura pluralité de puissances plus ou moins équilibrées, le traité de Westphalie existera : il n'y aurait qu'un moyen de l'effacer du droit public de l'Europe, ce serait de faire que l'Europe redevînt, selon la pensée catholique et féodale du moyen âge, un empire unique, une hiérarchie d'États. Charles-Quint et Napoléon y ont échoué : il est permis de dire, d'après ce double insuccès, que l'unité et la concentration politique, élevées à ce degré, sont contraires à la destinée des nations : le traité de Westphalie, expression supérieure de la justice identifiée avec la force des choses, existe à jamais.

Passons aux traités de 1815.

Les traités de 1814-1815, œuvre du Congrès de Vienne, sont dans le même cas que le traité de Westphalie. Le traité de Westphalie avait introduit dans l'antique Droit des gens un principe novateur, le principe de la pluralité des États et de leur équilibre ; les traités de Vienne ont introduit à leur tour dans le droit public européen, créé par le traité de Westphalie, un principe supplémentaire, qui, s'imposant au gouvernement de chaque État, les relie tous par une sorte de garantie mutuelle : ce principe nouveau, revendiqué par les peuples, reconnu et promis par les princes, mais faiblement appuyé et encore peu compris, est celui des constitutions politiques. Par ce principe, les traités de Vienne sont devenus, comme le traité de Westphalie, et dans leurs motifs et dans une partie, la plus importante quoique la moins étendue, de leur dispositif, un monument indestructible.

Les manifestations du droit des gens sont successives; comme la loi de Moïse proclamée sur le Sinaï, elles éclatent au milieu de bouleversements politiques que l'on pourrait appeler les orages de la conscience universelle. Et ce n'est jamais d'une manière abstraite, comme des idées pures qui attendent leur application, que ces grands principes se posent ; c'est toujours sous forme concrète, pratique, effective, répondant à une nécessité instante et générale. L'idée n'entre dans les esprits que par son incorporation dans un fait; impérissable par nature, elle rend à son tour le fait qui lui sert d'expression ou de monument, irrévocable.

Après la défaite de Napoléon, le Congrès de Vienne se trouva chargé de régler le droit public de l'Europe. Naturellement, la première pensée du Congrès fut de revenir au traité de Westphalie en rétablissant l'équilibre de l'Europe, auquel Napoléon avait porté une si grave atteinte. Mais la question n'intéressait plus seulement les souverains et les États. Depuis vingt-cinq ans les peuples avaient reçu une nouvelle initiation ; la guerre, en devenant générale, était devenue partout révolutionnaire. Les armées de la République française, et plus tard celles de l'Empire, avaient fait une immense propagande ; dans tous les États successivement annexés à la France, de 1795 à 1812, le droit public et le droit civil avaient été renouvelés ; l'Italie, l'Espagne, la Suisse, les Pays-Bas, la Confédération germanique, avaient reçu la pensée de 89; la Pologne, constituée par Napoléon et donnée au roi de Saxe, semblait posée comme une avant-garde destinée à solliciter à leur tour les peuples soumis à la domination des Czars. Les nations avaient si bien profité à notre école, qu'en 1813 elles renouvelèrent contre nous le mouvement de 92; et s'il est pour nous une consolation de nos défaites de Leipsig et de Waterloo, si nous pouvons nous montrer encore fiers après de tels désastres et tendre aux vainqueurs une main réconciliée, c'est qu'après tout ceux que nous avions foulés ne firent que suivre notre exemple. L'Empire s'abîma, non sous la coalition des rois, mais sous l'insurrection des peuples; la bataille de Leipsig fut appelée la *Bataille des nations*. Des promesses avaient été faites, pour ne pas dire exigées : quand les peuples se mêlent des affaires d'État, il va sans dire que ce n'est pas pour rien. Napoléon vaincu, les princes, sauf quelques changements dans les délimitations territoriales, allaient donc recouvrer leurs domaines héréditaires; mais, dans ces domaines, le retour au *statu quo* était devenu impossible. La guerre avait émancipé les sujets; il fallait compter avec eux. Si la Prusse, par exemple, si affaiblie, si humiliée par Napoléon, avait pu jouer néanmoins dans les dernières campagnes un rôle de premier ordre, c'était grâce au patriotisme de ses peuples; la société du *Tugendbund* avait été à la fois la tête et le bras, le conseil et la force; la dynastie des Hohenzollern lui doit son existence.

Ainsi, chose nouvelle, en 1814-1815, la question d'équilibre international se trouvait intimement liée à celle des réformes gouvernementales. Le Congrès de Vienne avait à répondre tout à la fois, d'une part à la demande des princes revendiquant leurs territoires; de l'autre à celle des peuples réclamant des constitutions. L'idée était dans l'air : impossible à la diplomatie, malgré ses réticences, ses équivoques, ses subterfuges, de s'y soustraire.

Ces deux questions, en elles-mêmes déjà fort épineuses, le rétablissement de l'équilibre européen et la fondation des mœurs constitutionnelles, en entraînaient une foule d'autres, soit comme corollaires, soit à titre de voies et moyens. — Quelle serait, par exemple, la règle à suivre pour la nouvelle délimitation des États ? Quelle part à faire à la nationalité, à la géographie, à la tradition, aux nécessités présentes ? Un État donné ne demeure pas immobile ; il tend à se développer, à s'agrandir, quelquefois à se diviser. Voici un groupe de petits États liés par une fédération : ces États peuvent se fondre en un État unitaire. Au contraire, voilà un grand État formé de populations plus ou moins homogènes : cet État peut se dissoudre, être remplacé par une fédération. Dans les deux cas, il y aura rupture d'équilibre : quelles seront, pour cette double occurrence, les prévisions du Congrès ? Une atteinte grave est portée par l'une des puissances à l'équilibre : d'où viendra la répression ? Comment s'organisera-t-elle ? Qu'arrivera-t-il si deux ou plusieurs puissances se coalisent pour leur commun agrandissement, au détriment des autres ? Quoi, enfin, si une nation est en désaccord avec son gouvernement ? Si la première réclame le bénéfice d'une constitution que le second refuse d'accorder ? S'il y a révolution ? Les puissances interviendront-elles ? et dans quel but ?...

Telles étaient les données de la paix de Vienne, résultant de ces deux formules, qui en 1814 et 1815 occupaient toutes les têtes, et que les circonstances, la force des choses, rendaient inséparables : *Équilibre européen, Constitutions politiques*. Il suffit d'un moment de réflexion pour comprendre que le Congrès, de quelque bonne intention qu'il fût animé, ne parviendrait jamais à donner des solutions sur toutes ces choses. Par exemple, il ne pouvait en aucune façon, par lui-même, s'occuper des constitutions demandées. L'indépendance des princes, l'autonomie des nations, s'y opposaient. La seule chose qui convînt au Congrès était d'affirmer les principes, de poser des jalons, d'essayer une première compensation, d'apaiser d'âpres convoitises, d'empêcher certaines exorbitances, de donner aux peuples une garantie morale en invitant les princes à remplir leurs devoirs, puis de s'en référer à la sagesse des gouvernements, à l'influence de l'opinion, et d'attendre tout du temps. Il y avait à ménager, en même temps que les droits et l'impatience des peuples, les mœurs encore vivantes de l'ancienne société, les traditions du droit divin et de la raison d'État; on devait éviter avec un soin presque égal de trop parler, de trop prévoir, de trop définir, comme de rien refuser.

En réalité, l'importance des traités de 1815 résulte beaucoup plus de ce qu'ils sous-entendent que de ce qu'ils expriment. Leurs considérants ne sont pas douteux; quant au dispositif, ils n'ont fait qu'un premier pas. Le partage des pays reconquis fut fait, plus ou moins amiablement, entre les puissances victorieuses: les dynasties d'Espagne, de Naples, de Hollande, de

Piémont, rentrèrent en possession de leurs États, et les peuples de leur nationalité ; la Saxe fut amoindrie en punition de sa fidélité à Napoléon : elle eût pu être supprimée de la carte, d'après le droit antique, si la pensée du siècle avait été aux abolitions; la Pologne, par la même raison d'une part, et de l'autre par les raisons qui en 1772 avaient déterminé le partage, retourna à ses anciens maîtres. La France, rentrée, à fort peu près, dans ses anciennes limites, seule entre les puissances contractantes, eut la garantie expresse d'une constitution, en sorte que la nation vaincue se trouva encore la plus favorisée. Un parti, à la tête duquel figurait le célèbre baron de Stein, demandait son démembrement : on opposa à ce parti le traité de Westphalie, observant que la France était indispensable à l'équilibre, et l'unité française fut maintenue. L'Angleterre, après s'être gorgée, posa son fameux principe de *non-intervention;* principe équivoque, vrai en ce qui touche la constitution particulière et le gouvernement intérieur de chaque État, mais faux en ce qui regarde ses rapports internationaux et conséquemment ses droits à une Constitution. C'est ainsi que l'Angleterre a toujours témoigné de son intelligence de temps et de son intérêt pour la liberté des peuples. Puis les plénipotentiaires se séparèrent, laissant, comme on dit, le protocole ouvert.

Ce qui distingue, en effet, les traités de Vienne de celui de Westphalie et de tous les autres, indépendamment des deux grands principes qui s'y trouvent consignés, l'équilibre des États et l'espoir au moins, sinon la garantie formelle donnée à chaque peuple d'une constitution, c'est que la teneur n'en est pas explicite et définitive ; que la rédaction n'en a été, pour ainsi dire, qu'ébauchée ; les articles toujours en discussion, la pensée toujours en voie de réalisation ; et que le congrès de Vienne ne peut être considéré que comme le premier anneau d'une chaîne dont le congrès de Paris, en 1856, a été le second, et dont celui proposé par Napoléon III, dans son dernier discours, serait le troisième. Depuis cinquante ans, la pensée double qui a inspiré le congrès de Vienne n'a pas cessé un seul moment de se réaliser, et les traités de 1814 et 1815, malgré les infractions commises, de s'exécuter : Napoléon III lui-même a fait pour eux plus que Louis-Philippe et les Bourbons. Ces traités, de même que celui de Westphalie, sont donc indestructibles ; seuls ils nous donnent l'intelligence du présent et de l'avenir ; et, comme leur maintien est désormais le seul gage de la paix du monde, les atteintes que l'ignorance et un faux patriotisme ne cessent de leur porter dans l'opinion sont la cause première du trouble de l'Europe.

III. — Rapport entre le droit public des États et le droit international créé par les traités de 1815. — L'ère des constitutions.

Nous avons montré comment, par le cours des choses, la question d'équilibre, conséquemment de pluralité et d'indépendance des États, s'était trouvée liée, en 1814-

1815, à celle de leur constitution intérieure ; quels engagements les souverains avaient pris envers leurs peuples ; comment enfin le congrès de Vienne, contrairement aux traditions de la diplomatie, avait été amené à s'occuper de constitutions.

Il ne faudrait pas croire qu'il n'y ait eu dans tout cela qu'une coïncidence fortuite ; que, par exemple, le maintien de l'équilibre en Europe soit de sa nature indépendant du régime constitutionnel, et réciproquement que les garanties réclamées depuis 1815 par tous les peuples, et en ce moment par les Russes eux-mêmes, puissent se passer de cette haute sanction ; il ne faudrait pas, dis-je, s'imaginer qu'il serait possible d'abolir les traités de 1814 et 1815 sans que cette abolition tirât à conséquence pour l'indépendance et la liberté des peuples, ou de supprimer les garanties constitutionnelles sans que l'équilibre international fût compromis. Ce que les plénipotentiaires réunis à Vienne, en 1814 et 1815, ne pouvaient guère qu'entrevoir, je veux dire la solidarité intime des deux principes posés par le Congrès, est venu au grand jour dans les cinquante années qui ont suivi, à tel point qu'il n'est presque plus possible aux jurisconsultes de distinguer, comme ils le faisaient autrefois, entre le *Droit public* et le *Droit des gens*. Le Droit public, ou Droit politique propre à chaque État, et le Droit des gens, sont devenus, par les traités de Vienne, une seule et même chose, et ils tendent à s'identifier de plus en plus. Déjà l'on peut prévoir le jour où une guerre entre deux États, tombant sous la juridiction de l'Europe entière, ne serait plus considérée que comme la répression d'une émeute dans un État particulier. Insurrection, guerre civile ou guerre étrangère, ce serait tout un. Quant à l'idée d'effacer la date de 1815, en conservant les deux principes qui en ont fait la gloire, ce ne serait qu'une chicane de chronologie, indigne d'occuper une minute l'attention des esprits sérieux.

Il s'agit donc, pour bien comprendre ces traités dont tant de gens parlent, voire même écrivent, sans en connaître le premier mot, de nous convaincre d'une chose : c'est, comme je viens de le dire, qu'il y a solidarité entre le principe d'équilibre international et le principe des constitutions, et que les faits accomplis depuis cinquante ans en vertu de cette solidarité, sont tels aujourd'hui qu'on ne saurait y toucher sans faire rétrograder la société au delà du traité de Westphalie, à ce terrible droit de la force, dont la guerre de Trente-Ans fut une des plus effroyables applications.

Jusqu'à la fin du dix-huitième siècle, les États avaient suivi leurs traditions originelles, obéissant à leur spontanéité native, bien plus qu'ils ne raisonnaient leurs principes. Le droit divin des princes, fondé sur la conquête, soutenu par la force, tenait généralement lieu de charte. Les aristocraties, les républiques n'étaient que des tronçons de monarchie, où le droit du prince était transporté par une fiction légale à la caste représentée par un sénat, ou à la cité représentée par son bourgmestre. Plus avancée que les autres pays dans la pratique constitutionnelle, grâce à une longue suite de concessions arrachées la couronne, l'Angleterre, en 1788, ne faisait pourtant pas exception à la règle : sa devise est encore, *Dieu et mon droit*. Quant à la France, nous avons tous lu l'histoire de la Révolution ; nous savons dans quelle triste situation notre malheureux pays était tombé. Toute la politique se résumait pour les princes en deux points : au dedans l'exploitation du peuple, au dehors la conquête, la guerre.

J'ai dit comment, après la guerre de Trente-Ans, une barrière, bien faible encore, avait été opposée par le traité de Westphalie à l'humeur guerroyante des rois. L'idée vint enfin de brider, à l'intérieur comme au dehors, ce despotisme sanguinaire, en réduisant le gouvernement en maximes et mettant par écrit les formules du droit public. De même qu'on avait préludé, par un traité, à un système international, on voulut se gouverner, chacun chez soi, par des constitutions positives. Le dix-huitième siècle tout entier fut employé à l'élaboration de cette idée ; tout ce qui pensait et savait écrire en Europe prit part au débat. A n'en juger que sur l'apparence, on eût dit un club d'esprits forts déblatérant sur la politique de la même manière qu'ils déclamaient contre la religion et contre toute chose : il s'est trouvé à la fin que c'était la raison des masses qui se faisait jour, et qui, sans s'informer du Ciel, réformait les puissances de la terre.

L'agitation commence en 1773 par l'insurrection américaine. Trois ans après, les colonies proclament leur indépendance ; en 1778, la France leur envoie des secours ; après dix ans de lutte, l'indépendance des États-Unis est reconnue par l'Angleterre dans le traité de Paris (3 septembre 1783). Le premier usage que les Américains firent de leur liberté fut de se donner une constitution. Ainsi se manifestait la connexité, pour ne pas dire l'identité de ces deux termes : *Indépendance*, *Autonomie*.

Alors, comme si l'agitation n'eût fait que retraverser l'Océan, on la voit se manifester sur différents points du vieux monde, en Hollande, en Brabant, en Hongrie, à Genève. En 1787, le stathouder est chassé par les patriotes hollandais, puis réintégré par la Prusse. En 1789, l'empereur Joseph II, dont les réformes, trop empreintes d'absolutisme, n'avaient pas obtenu l'assentiment des masses, est forcé de rétablir en Hongrie l'ancienne Constitution, pendant qu'à Genève, à la suite des débats entre les *négatifs* (aristocrates) et les représentants, on en fait une autre. Enfin, comme à l'Opéra la toile se lève lorsque l'orchestre a terminé l'*ouverture*, Louis XVI convoque les États-Généraux. La Révolution commence, et tout d'abord l'Assemblée Nationale met la main à la Constitution.

Mais une Constitution n'est pas seulement la formule écrite de l'organisme politique, c'est aussi et ce doit être un pacte libre. Pour un semblable pacte, les temps révolutionnaires sont mauvais. Tant que durera la bataille entre l'ancien ordre de choses et les idées nouvelles, les Constitutions, expressions de l'antagonisme plutôt que d'une raison synthétique, fruit de la victoire, non pas œuvre du consentement, seront précaires; tant qu'elles seront rares et séparées, tant que les droits des peuples ne pourront pas s'entre-défendre, leurs garanties seront peu solides : la liberté, pour les peuples comme pour les individus, répugne à l'isolement. Aussi, jusqu'en 1814, les constitutions ne font que passer, suite d'ébauches où se trahit à la fois l'embarras des constituants et l'hypocrisie des intrigants.

Constitution des États-Unis, proposée dès 1787, adoptée en 1789;
Constitution genevoise, 13 février 1789;
Constitution polonaise, 3 mai 1791 ;
Constitution française, monarchique, 23 septembre 1791 ;
Constitution française, démocratique, 24 juin 1793 ;
Constitution française, directoriale, à bascule, 22 août 1795;
Création des républiques : ligurienne, 31 mai 1797 ; — cisalpine, 29 juin 1797; — romaine, 15 février 1798; avec des gouvernements plus ou moins appropriés;
Constitution consulaire, retour au gouvernement personnel et despotique, 13 décembre 1799;
Constitutions impériales des 4 août 1802 et 18 mai 1804; en réalité, abrogation du principe constitutionnel;
Constitution fédérale helvétique, sous la médiation de Napoléon, 19 février 1803;
En même temps, réunion à la France de la république de Genève, partant abrogation de sa constitution ;
Constitution royale de Hollande, sur le type de la constitution impériale, 10 juin 1806;
Confédération du Rhin sous le protectorat de Napoléon, en conséquence, abolition de l'empire germanique, 1ᵉʳ août 1806;
Constitution de Pologne sous le roi de Saxe, approuvée par Napoléon, 27 juillet 1807.

Ces dates portent avec elles leur enseignement. Pas d'indépendance pour les États, pas d'équilibre possible, partant pas de Constitution, dans le sens libéral du mot, avec la prépondérance d'un vaste empire imposant sa suzeraineté. L'Italie, la Hollande, la Westphalie, l'Allemagne, l'Espagne tout à l'heure, pouvaient-elles se dire constituées quand elles ne s'appartenaient plus? La France elle-même, dont le chef distribuait à droite et à gauche les constitutions, pouvait-elle se flatter d'en avoir une?.... Toute cette époque est révolutionnaire : au point de vue des constitutions, ce n'est qu'un prélude qui finit à la capitulation de Paris, le 3 mars 1814. Le grand obstacle aux constitutions, c'est l'Empereur. Remarquez seulement que telle est la puissance de l'idée constitutionnelle, que Napoléon est obligé de l'invoquer dans l'intérêt de son pouvoir et de mentir ainsi à sa propre autocratie. Ainsi avait fait la Montagne, après les journées des 31 mai et 2 juin 1793 : la France, insurgée presque tout entière, s'apaisa subitement devant la montre d'une constitution.

Le vrai moment des constitutions est celui où peuples et souverains, vainqueurs et vaincus, proscripteurs et proscrits, s'unissent dans la double pensée de garantir à chaque État son indépendance, à cette fin de le doter d'une constitution. Ce moment a lieu à la rentrée en France de Louis XVIII : depuis ce jour, l'œuvre constitutionnelle, condition de l'équilibre européen, s'est poursuivie sans interruption. Sans doute les traités ont gardé sur ce sujet une excessive réserve ; les empereurs et les rois n'entraient pas volontiers dans une telle voie. Il y aura encore de violents débats; des scissions douloureuses seront opérées, des dynasties sacrifiées; des remaniements seront apportés aux partages : qu'importent ces misères? Des conventions qui se modifient sont des conventions qui se consolident ; en fait, on ne niera pas les principes, il n'y aura de doute et de controverse que sur des détails d'application. S'il est une époque dans l'histoire qui témoigne du progrès de l'humanité, c'est assurément celle-là. L'année 1814 est le vrai point de départ de l'ère constitutionnelle, plus illustre cent fois que l'ère actiaque. Et chose singulière, c'est l'empereur de toutes les Russies qui trahit le secret de l'époque ; c'est lui qui, sans doute comme souverain désintéressé, puisque ses sujets ne sont pas mûrs, sonne le glas du despotisme, lui qui se montre le plus inflexible sur les principes, et qui impose le dogme révolutionnaire au roi très-chrétien. Il ne m'est pas donné de comprendre comment, dans quel but, sur quels motifs, au profit de qui ou de quoi, en l'honneur de quelle idée, des gens qui se croient publicistes parce qu'ils écrivent dans les papiers publics, osent nier le fait le plus éclatant du siècle, résultat de cent batailles, produit le plus clair jusqu'à ce jour de la Révolution française, et dont on peut dire qu'elle n'a été elle-même que le premier épisode.

Charte constitutionnelle française, demandée à grands cris par la nation, imposée par le Sénat, appuyée par les puissances coalisées qui en font aux Bourbons la condition de leur alliance, et octroyée par Louis XVIII, 4 juin 1814.

Congrès de Vienne, du 1er novembre 1814 au 25 mai 1815. C'est là que furent faits, en même temps que les partages, les promesses de constitutions, les projets d'alliances et de garanties réciproques, les théories d'équilibre et de désarmement. Regardez maintenant, d'après ce qui a suivi, si ces promesses ont été aussi vaines, conséquemment si ces traités sont, à l'heure où nous écrivons, aussi déchirés qu'on le prétend à à la Bourse et dans certains journaux.

Constitution fédérale helvétique, 8 septembre 1814.....

Avant d'aller plus loin, remarquons une chose : toutes ces constitutions sont sujettes à révision, car toutes, exprimant la liberté, sont des instruments de progrès. C'est encore une raison pour laquelle les traités de 1815 ne périront pas ; le développement de leur pensée est éternel.

Acte additionnel aux constitutions de l'Empire, donné par Napoléon après son retour de l'île d'Elbe, 22 avril 1815.

Rétablissement de la Confédération germanique, 8 juin 1815. — Sans doute, elle n'est pas parfaite, il s'en faut ; mais, dites-moi, est-il question en ce moment de l'abroger, ou seulement de la réviser, de la rendre, si je puis ainsi dire, plus fédérale ?

Constitution du royaume des Pays-Bas, 8 août 1815. Rédigée par les notables et jurée par le roi Guillaume, malgré l'opposition du clergé catholique belge.

Constitution du royaume de Pologne, demandée par le Congrès et donnée par l'empereur Alexandre, 24 décembre 1815.

Constitutions représentatives de Lippe-Schauenbourg et Schwarzbourg-Rudolstadt, 1816.

Constitution donnée au Tyrol par l'empereur François, 13 avril 1816.

Constitution des îles Ioniennes, donnée par l'Angleterre, en remplacement de celle donnée auparavant par les Français. Elle était peu libérale, tant s'en faut, cette constitution anglaise ; mais réparation en a été faite cette année par le gouvernement de Victoria, qui a cédé ces îles à la Grèce ; 29 décembre 1817.

Constitution de Saxe-Cobourg-Saalfeld, 19 mars 1818 ;
Constitution de Bavière, 26 mai 1818 ;
Constitution de Bade, 22 août 1818 ;
Constitution du Wurtemberg, 29 septembre 1819 ;
Constitution de la république de Cracovie ;

Constitution de Brunswick, 25 avril 1820;

Constitution du royaume de Naples, 13 juillet 1820. — Donnée sous la pression de l'opinion, cette constitution sera retirée plus tard ; puis rétablie, puis encore rendue, puis de nouveau reprise. On sait ce qu'il en a coûté à la dynastie de Naples d'avoir résisté à la pensée du siècle et mal interprété les traités.

Constitution de Hesse-Darmstadt, 17 décembre 1820.

Constitution espagnole, imposée par les Cortès en 1820, suspendue ou abrogée en 1823, puis rétablie à la mort de Ferdinand VII en 1838. Que promettent depuis quinze ans, aux Espagnols, les prétendants au trône d'Isabelle ? Quelle est la base de leurs opérations ? Une constitution; mais il est trop tard.

Constitution de Saxe-Cobourg-Gotha, 8 août 1821 ;

Constitution de Saxe-Meiningen, 4 septembre 1824;

Constitutions de Nassau, Mecklembourg, Saxe-Weimar : je n'ai pas les dates;

Constitution de Portugal, donnée en 1820, réformée en 1837, 18 juin.

Certes, et je le répète, il s'en faut que toutes ces constitutions soient des modèles de libéralisme. Le dernier mot n'en est pas dit : nous assisterons encore à bien des essais. Mais le principe s'y trouve, et ne demande qu'à être épuré. Quand on songe qu'à la date de 1814, la corvée n'était pas abolie sur plusieurs points de l'Europe qui n'en allaient pas moins recevoir des constitutions; qu'en France même, à la veille de 89, il existait encore des serfs; que la servitude vient seulement d'être abolie en Russie; quand on se dit enfin qu'en 1852 le peuple français, réputé le plus avancé de l'Europe, a mieux aimé rétrograder sur ses libertés constitutionnelles que d'entrer dans la voie des réformes économiques, on doit être porté, ce me semble, à quelque indulgence envers les princes constituants.

Conspiration en Russie, au nom de la *République slave*, pour une constitution, 1825.—Echo du Congrès de Vienne, quoi qu'on dise.

En Italie l'agitation constitutionnelle ne cesse pas un instant : le duché de Florence y gagna des institutions et une administration que n'a pas égalées le royaume unitaire.

Révision de la Charte constitutionnelle en France après la Révolution de Juillet, 9 août 1830. Pas une protestation ne s'élève en faveur des Bourbons de la part des puissances signataires des traités. Si la défaveur s'attacha à Louis-Philippe, ce ne fut nullement parce qu'on le considérait comme hostile à la Sainte-Alliance : pendant dix-huit ans, il ne cessa de donner la preuve du contraire ; c'est qu'on le considérait comme usurpateur d'une couronne qui devait, semblait-il, revenir au jeune Henri V.

La même année, révision de la constitution fédérale suisse.

Constitution belge après la séparation de la Belgique d'avec la Hollande, 1831;

Prélude d'une constitution en Danemarck, par la création de quatre Assemblées provinciales, 4 mai 1831;

En même temps, demande d'une constitution par le Sleswig-Holstein;

Révision de la constitution du Valais (Suisse), 1839;

Réforme de la constitution du Hanovre, 1840;

Promesse faite par le roi de Hollande au Luxembourg de lui donner une constitution, 1841;

Constitution de la Grèce, mars 1844;

Projet de réforme de la constitution suédoise à la mort de Bernadotte : il est rejeté, 1844;

Avénement du pape Pie IX : il fait espérer une constitution 1846;

Révolution de Février : la France se donne une Constitution républicaine, 4 novembre 1848 ;

Assemblée de Francfort pour la révision du pacte fédéral germanique. En même temps la Prusse et l'Autriche se donnent, sous la pression des événements, leurs premières constitutions, bientôt suspendues ou retirées ;

Révision de la constitution fédérale suisse et des vingt-cinq constitutions cantonnales ;

Constitution du Danemarck, 25 mai 1849 ;

Promesse du Pape, *motu proprio*, de donner une constitution, 4 septembre 1849 ;

Promulgation de la constitution révisée de Prusse, 1er février 1850 ;

Coup d'État du 2 décembre 1851, qui supprime la constitution républicaine de 1848, et fait rebrousser la nation jusqu'à celle de 1802 ;

Rétablissement de l'empire, 2 décembre 1852. Napoléon III, déclare que, par ce rétablissement, le peuple français prend sa revanche des traités de Vienne ;

Constitution du Piémont, 1855 : elle enflamme toute l'Italie ;

Constitution offerte par le roi de Naples François II : il n'est plus temps. L'Italie préfère les dangers d'une constitution unitaire à la conservation d'une dynastie tant de fois parjure, 1860 ;

Décret de l'empereur Napoléon III donnant plus de jeu à la constitution impériale, 24 novembre 1860 ;

Rescrit de l'empereur François-Joseph, qui réorganise l'empire d'Autriche sur les principes combinés du système fédératif. et du régime parlementaire. Les peuples incorporés à l'empire n'auront rien perdu pour avoir attendu : la constitution autrichienne est, avec la constitution suisse, la plus libérale de l'Europe, 1861 ;

Enfin, et ceci couronne l'œuvre, l'empereur de Russie abolit le servage dans ses États, et rend en même temps tous les paysans propriétaires ; le principe de la séparation des pouvoirs est appliqué au gouvernement : aussitôt l'opinion commence à se propager en Russie en faveur d'une constitution.

Le Nouveau-Monde suit le mouvement de l'Ancien :

Constitution de Haïti, 4 avril 1811, remaniée en 1846 ;
Constitution de Caracas ou Venezuela, 1816 ;
Constitution de Buenos-Ayres, 1817-1819 ;
Constitution brésilienne, février 1821. — En 1822, le Brésil se sépare du Portugal : la constitution, c'est l'indépendance, ne l'oublions pas ;
Constitution de Colombia, 20 août 1821 ;
Constitution du Pérou, 8 octobre 1821 ;
Le Chili, le Mexique, la Nouvelle-Grenade, ont aussi leurs constitutions. Ces constitutions ont été maintes fois remaniées à la suite des agitations locales; mais le principe en est indestructible. Quelle est aujourd'hui la raison, donnée par Napoléon III, de son expédition au Mexique ? La nécessité de faire cesser l'anarchie qui désole ce pays, en le dotant d'une constitution.

En 1837, une révolte éclate au Canada : elle est bientôt réprimée ; mais le régime militaire est aboli, et le Canada, sous la plus douce des constitutions, ne sentant plus la main de l'Angleterre dont il conserve cependant l'attache, surpasse en prospérité et en progrès les États-Unis.

Dans le demi-siècle qui vient de s'écouler, de la capitulation de Paris à l'année qui va s'ouvrir, 1864, plus de cent constitutions ont été données, révisées, modifiées, sollicitées, promises : c'est-à-dire que l'univers civilisé tout entier a passé du régime inorganique de l'État à un système de réflexion, de droit et de liberté. Je dis que c'est là le fait incommensurable du dix-neuvième siècle, devant lequel s'éclipsent et les douze années du grand drame révolutionnaire, et les quinze de l'épopée impériale, fait qui ne trouve son pendant que dans le prodigieux développement des sciences et de l'industrie, auquel il sert pour ainsi dire d'introducteur.

Depuis 1814-1815, au signal donné par le congrès de Vienne, une immense éclosion s'est faite sur la terre; elle dure encore. Les nations ont véritablement changé de face. L'État, auparavant amorphe, une sorte de monstre, s'est donné des organes de production et même de bienfaisance; il a pris des membres, des idées, une conscience; il s'est mis à marcher et à agir comme un être moral, intelligent et libre. Son éducation est loin d'être faite; mais l'on ne doute déjà plus que cette bête féroce ne puisse, avec le temps, devenir l'ange du bien-être, de la paix. Les peuples dévastés sont revenus à l'espérance; ils ont compris qu'à l'avenir l'État, pour satisfaire ses appétits d'anthropophage, ne leur ferait plus rendre leur dernier écu et leur dernier enfant. Est-ce que la révolution des Césars, est-ce que celle du Christ lui-même ont produit rien de plus sublime?

Et nous, Français, qui, après avoir combattu vaillamment pour cette régénération glorieuse, après en avoir porté les principes à tous les peuples, nous sommes si sottement enivrés de nos triomphes; qui, de libérateurs que la Révolution nous avait faits, nous sommes laissé changer, par la séduction de la gloire, en oppresseurs, ouvrirons-nous enfin les yeux? Vainqueurs des rois, il a fallu une croisade des nations pour nous ramener à nos propres principes; refoulés à notre tour par cette même Révolution que nous avions déchaînée sur le monde, nous sommes rentrés dans nos foyers sans la moindre intelligence de notre œuvre; nous avons laissé déchirer notre pacte comme on déchire une vieille cocarde, et nous sommes restés fruits secs. Tandis que les nations, émancipées par nos armes, grandissent à l'ombre des libertés que nous leur avons faites, mécontents de nous-mêmes et des autres, nous en sommes à déclamer contre les traités de 1815, rêvant de la frontière du Rhin et de la revanche de Waterloo !...

IV. — Des modifications faites aux traités de 1815 et de leurs confirmations. Comment on a fait prendre sur ce point le change à l'opinion. — Questions d'Espagne, de Belgique, de Neuchâtel ; — révolution de Juillet ; rétablissement de la dynastie des Bonaparte.

Le 25 septembre dernier, M. Émile de Girardin, répondant à M. de la Guéronnière à propos de la Pologne, écrivait dans *la Presse :*

La France apprend ceci à la France : IL N'Y A PLUS DE TRAITÉS DE 1815. La bonne nouvelle ! la bonne découverte ! Il y a longtemps qu'il n'y a plus de traités de 1815. Il n'y en a plus depuis que la Russie, malgré les liens de parenté qui l'unissaient si étroitement à la maison de Nassau-Orange, et en violation des articles 64, 65, 66, 67, 68, 69, 71, 72 et 73 de l'acte du Congrès de Vienne du 9 juin 1815, a consenti, en 1831, au démembrement de la Hollande et à la séparation de la Belgique ;

Il n'y en a plus depuis que l'Autriche, en 1847, s'est incorporé l'État de Cracovie, au mépris des articles 6 et 9 si formels de l'acte sus-relaté ;

Il n'y en a plus depuis que le prince Louis-Napoléon Bonaparte est monté, en 1852, sur le trône impérial, sous le nom de Napoléon III, empereur des Français, succédant ainsi à Napoléon Ier et à Napoléon II (duc de Reichstadt), et foulant sous ses pieds l'article 2 du traité d'alliance du 20 novembre 1815 ;

Il n'y en a plus depuis que la Prusse a renoncé à la possession en toute souveraineté de Neufchâtel, que lui garantissait l'article 23 du même acte sus-relaté ;

Il n'y en a plus depuis que l'Autriche a donné, en 1859, à la France, qui l'a redonné au Piémont, le duché de Milan, compris dans l'article 93 ;

Il n'y en a plus depuis que le duc de Modène, archiduc d'Autriche-Este, prince royal de Hongrie et de Bohème, a perdu ses duchés de Modène, de Reggio, de Mirandole, de Massa, de Carrara, de Guastalla, spécifiés dans l'article 93 ;

Il n'y en a plus depuis que la duchesse de Parme a perdu ses duchés de Parme, de Plaisance et sa principauté de Lucques, dont les cas différents de réversibilité avaient été si soigneusement prévus par l'article 99 ;

Il n'y en a plus depuis que le grand-duc de Toscane, archiduc d'Autriche, prince de Hongrie et de Bohème, a, malgré l'article 100, cependant si formel, perdu son grand-duché de Toscane et ses dépendances ;

Il n'y en a plus depuis que le souverain des États-Romains a perdu les Marches et les Légations de Ravenne, de Bologne et de Ferrare, qui avaient été rendues au Saint-Siége par l'art. 103 ;

Il n'y en a plus depuis que l'héritier de S. M. le roi Ferdinand IV, rétabli par l'article 104, « tant pour lui que pour ses « successeurs sur le trône de Naples, et reconnu par les puis- « sances comme roi du royaume des Deux-Siciles, » n'est plus à Rome qu'un réfugié et qu'un conspirateur.....

Ainsi, quand la presse gouvernementale, dynastique, bonapartiste, mais prudente et circonspecte, témoigne son étonnement d'un fait aussi énorme, l'abolition des traités de 1815, la presse soi-disant libérale et démocratique, la presse d'opposition, répond par des fanfares; elle trouve la chose toute simple, et accueille la communication de l'Empereur par de frénétiques bravos. MM. Havin et de Girardin font honte à M. de la Guéronnière. Voilà comment les directeurs de l'opinion apprennent au peuple à considérer les affaires humaines, et traitent sous ses yeux la politique! Des faits ils ne voient que la matière, la croûte, le cadavre : l'esprit, l'âme, leur échappent. Aussi leurs paroles sont toutes des paroles de mort. Faiseurs d'affaires, agioteurs politiques, adorateurs du fait brut, flattant la puissance du jour et la fantaisie du moment, leur seule occupation, en soignant leurs intérêts, semble être d'anéantir les hautes pensées dont se compose la vie universelle. Pour eux rien n'existe; le monde est une confusion de formes passagères, sans rapport entre elles, sans énergie, sans fécondité. La société est une ombre, incapable de produire autre chose que le néant : sujet de *speech*, prétexte à démonstrations diplomatiques, parlementaires ou belliqueuses, aussi vaines que la lettre des traités. Le congrès de Vienne a passé comme une mascarade, disent-ils; maintenant nous avons table rase : essayons d'autre chose. Il n'y a de vrai sur la terre, après l'amour et la cuisine, que le plaisir de faire prévaloir son opinion et de mener le vulgaire : tout le reste est illusion. — C'est ainsi que ces détestables sophistes empoisonnent la civilisation, énervent les États, ôtent aux masses l'intelligence et le sens moral. Ils ont perdu la monarchie de Juillet; ils ont trahi la République ; ils tueront l'empire, qu'ils s'imaginent sauver en le faisant à leur image.

Moi aussi, en voyant la résistance des souverains au vœu de leurs peuples, la méfiance de ceux-ci, le machiavélisme des factions, j'ai cru un jour que les traités de 1815, dont l'idée si haute ne m'avait pourtant pas échappé, étaient devenus lettre morte, et j'en ai exprimé mon deuil. Mais je me suis dit plus tard que les déclarations de la Justice étaient impérissables, qu'il n'était au pouvoir de personne de les abroger, bien plus, qu'elles avaient la vertu de communiquer aux pactes internationaux et à tous les établissements dans lesquels elles s'incorporent, une durée indéfinie. C'est là, me dis-je, ce qui fait la permanence du progrès, la continuité de l'histoire. L'immortalité, que la religion nous fait espérer dans un autre monde, nous pouvons déjà la voir ici-bas. Elle se déploie au milieu de nous, et nous en sommes les agents...

Donc, pour revenir aux hommes d'État de *la Presse* et du *Siècle*, la séparation de la Belgique et de la Hollande, l'incorporation de Cracovie, le rétablissement de la dynastie des Bonaparte, la cession faite par le roi de Prusse de ses droits sur Neuchâtel, la formation du royaume d'Italie ; ajoutez, si vous voulez, l'annexion à la France de la Savoie et de Nice : telles sont, d'après ces deux éminents journalistes, les cinq ou six grandes infractions desquelles ils se croient en droit de conclure que les traités de 1815 ont cessé d'exister. Je prétends, au contraire, que c'est justement ce qui prouve que lesdits traités existent, qu'ils gouvernent l'Europe, l'empire français y compris, bien entendu. La démonstration, si elle est un peu longue, sera du moins instructive.

J'ai dit que le traité de Westphalie, grâce au principe d'équilibre qu'il avait exprimé le premier, et dont il avait dû en conséquence faire aussi la première application, était devenu, dans cette partie de son dispositif, indestructible; qu'il en avait été de même des traités de 1815 par la combinaison qu'ils avaient faite du principe d'équilibre avec celui des constitutions : eux aussi sont devenus, dans cette partie de leur dispositif, impérissables. Tels quels, en effet, et malgré la pauvreté de leur rédaction, ces traités sont l'ébauche de la constitution prochaine de l'Europe; pour les peuples, l'unique et indestructible gage de leurs libertés; pour les intérêts, la seule garantie de sécurité et d'ordre. L'esprit dont ces traités sont pleins, en dépit de la lettre, était si puissant en 1814, que l'empereur Alexandre ne put s'empêcher, dans la candeur de son mysticisme, de faire éclater son enthousiasme à la face du monde, en proposant l'année suivante à la signature des puissances un nouveau traité, devenu fameux sous le nom de *Sainte-Alliance*. L'objet de ce traité était double : 1° de créer entre les souverains une garantie mutuelle ; 2° d'inaugurer dans la politique internationale *l'ère des principes*, ce qui n'était rien de moins qu'un serment à la Révolution, en présence de la Sainte-Trinité. L'*ère des principes :* cette idée est sortie, après 1814, d'un cerveau russe; elle eût fait honneur à Lafayette. Je n'hésite point à la revendiquer comme française ; c'est l'application aux affaires internationales de la Déclaration des droits de l'homme.

Le zèle d'Alexandre devait rencontrer chez les souverains peu de sympathie. Ils se voyaient saisis par les idées nouvelles, lancés à fond de train vers l'inconnu.

Tandis que les peuples se livraient à l'espérance, une sorte de terreur dynastique s'empara des rois. Pour s'en rendre bien compte, il faut rappeler ici ce qu'allait devenir, ce qu'est la royauté dans le système des constitutions.

L'État, d'après les théories constitutionnelles, est une unité de composition que ne saurait plus, comme autrefois, incarner et représenter la personne royale ; conséquemment, la loi de l'État, adéquate à la volonté nationale, est une résultante, ce qui exclut l'hypothèse d'une majesté directrice. Il suit de là que la royauté, dans les nouveaux principes, est une donnée extra-constitutionnelle, un élément mystique, incompatible avec la rationalité rigoureuse du système. Pour que le roi soit à l'avenir quelque chose, il faut qu'il devienne l'un quelconque des pouvoirs définis par la constitution, ce qui fait de lui, non pas, comme le disaient les publicistes du dix-huitième siècle, qui se croyaient hardis, le mandataire de la nation : — l'absolutisme s'accommoderait fort bien de cette qualité de mandataire ; — mais une des FONCTIONS, ou plus simplement encore, un des grands *fonctionnaires* de l'État. Hors de là, le roi n'est rien, ne peut être rien ; la royauté n'a plus de raison de s'affirmer. Or, quelle peut être la fonction dévolue au roi ? C'est ici que commençait pour les souverains la terreur des spécifications. L'indéfini leur allait beaucoup mieux. Le roi sera-t-il chef de justice, généralissime, président inamovible du ministère, grand-électeur ? Choisissez. Il sera l'une ou l'autre de ces choses, il pourra même en être plusieurs, et rassembler en sa personne partie ou totalité du pouvoir exécutif : dès lors que son autorité est définie, il devient, comme j'ai dit, simple fonctionnaire, et fonctionnaire responsable ; il n'est plus ce qu'on appelait jadis roi. Quant à la puissance législative, il est clair qu'il ne peut tout au plus que l'exercer en participation, puisque, s'il la possédait à lui seul et qu'il y ajoutât le pouvoir exécutif, on rentrerait dans le système antérieur ; la constitution serait sans objet. Logique impitoyable : on peut dire que depuis que l'idée constitutionnelle est entrée dans le monde la royauté en est sortie : les rois eux-mêmes n'y croient plus, si ce n'est peut-être en Prusse ; mais là ils sont fous.

Ceux qui avaient fait les traités, qui y avaient apposé leurs signatures, devaient donc être fort peu disposés à en poursuivre l'exécution, je ne dis pas quant aux partages : — ce n'est pas par ce côté purement accessoire que devaient commencer les infractions,—mais quant aux constitutions promises et universellement attendues. Les armées n'étaient pas rentrées de leur dernière campagne que les promesses étaient oubliées, le pacte foulé aux pieds, les souverains ne songeant qu'à se dérober aux conséquences de leur rétablissement. Toutefois, l'on voit par la chronologie que le mauvais vouloir ne put pas tenir. Le retour de l'île d'Elbe avait prouvé que les constitutions devaient être prises au sérieux, à peine d'une nouvelle et irrévocable déchéance. Dès le 8 août 1815, le roi des Pays-Bas suivait l'exemple de Louis XVIII. Les faibles princes d'Allemagne vinrent à la suite : les forts résistèrent tant qu'ils purent.

Lorsque le roi d'Espagne, Ferdinand VII, se mit en 1820 à poursuivre les Cortès dont le patriotisme lui avait conservé la couronne, il violait, dans leur pensée fondamentale, les traités de Vienne. Si M. de Girardin avait la moindre intelligence de ce dont il parle, quand il se mêle d'écrire sur les traités de 1815, c'est par là qu'il aurait commencé la série des violations. Et lorsqu'en 1823, la royauté française, malgré la protestation de l'Angleterre, intervint dans la querelle, avec l'assentiment de la Russie, de l'Autriche et de la Prusse, réunies en congrès à Vérone, et décida contre les constitutionnels d'Espagne le triomphe du droit divin, elle violait ces mêmes traités d'une façon plus flagrante encore et plus odieuse. Les Bourbons n'étaient rentrés en France qu'à la condition de prêter serment de fidélité à la Charte ; cette Charte était partie intégrante des traités ; les puissances s'en étaient portées garantes ; c'était une des conditions de la déchéance prononcée contre Napoléon. Et voici qu'à peine rétablis sur le trône de leurs ancêtres ils déclaraient la guerre à la Charte, en détruisant la constitution espagnole 1...

Là est le principe de la perturbation à laquelle nous sommes en proie. Ce que les dynasties bourboniennes firent ou tentèrent de faire en France, en Italie, en Espagne, d'autres essayèrent de le faire ailleurs ; la Prusse n'a pas encore triomphé de l'obstination de ses rois. La pacification de Vienne, qui devait ouvrir *l'ère des principes*, commencer la grande période du progrès, ne parut bientôt qu'une ère de réaction et de léthargie. L'effet de cette résistance sur l'esprit des peuples fut déplorable. La méfiance, bientôt l'horreur, devint générale à l'endroit des traités. Du moment que les souverains repoussaient les demandes de constitution, la Sainte-Alliance fut regardée comme la coalition des rois contre les peuples, et les délimitations de frontières, en quelques points malheureuses ou maladroites, mais qui sans cela n'eussent pas été remarquées, comme un outrage aux nationalités. Les despotes s'étaient partagé les nations comme de vils troupeaux : ce fut l'hyperbole dont on se servit. Il y eut dès lors tendance réciproque des peuples et des gouvernements à déchirer le pacte, tendance funeste, sur laquelle la démocratie prit partout le change, et dont elle aura peine à revenir. La vraie tactique, pour les amis de la liberté, était de rappeler sans cesse les souverains à l'esprit et au respect des traités, de la même manière que les libéraux en France se prévalaient de la Charte contre les tendances fâcheuses de la légitimité; ce fut le contraire qui arriva. Il faut que les traités de 1815 soient solidement établis, que l'idée en ait été réglée par le Destin, pour qu'ils aient résisté au concert de malédictions des princes et des peuples.

La révolution de 1830, qui renversa les Bourbons, et que M. de Girardin aurait eu tout autant de raison de citer que le rétablissement de l'empire sous Napoléon III, n'avait rien en elle-même qui portât atteinte aux traités de 1815; loin de là, elle les vengeait. La dynastie changée, le rapport de la France à l'Europe restant le même, sa constitution demeurant représentative, parlementaire, nullement conquérante, sans la moindre velléité de porter atteinte à l'équilibre de l'Europe, on pouvait, on devait soutenir que la révolution de juillet était la consécration des *principes* proclamés par la Sainte-Alliance, nullement un démenti donné à la pensée de Vienne. En vain l'on chercherait ce que pouvait avoir de contraire aux traités l'affirmation de la Charte et l'expulsion d'une dynastie infidèle à la condition de son rétablissement : on ne le trouverait pas. En vain les souverains étonnés des conséquences du grand acte auquel ils avaient participé comme parties et arbitres, se récriaient contre l'application qui leur en était faite; en vain ils avaient, sous l'impression de la terreur, rendu à Vérone une espèce de jugement de cassation : rien ne faisait; la force de la vérité les étranglait. Abjurer le principe d'équilibre, ils ne le pouvaient pas. Nier que ce principe fût devenu solidaire et corrélatif de celui des constitutions, pour lequel ils avaient engagé leur parole royale, ils ne le pouvaient pas davantage... Ce côté de la révolution de 1830 fut entièrement méconnu. On se plut à voir dans la chute des Bourbons, de la dynastie de l'étranger, comme on l'appelait, un défi à la coalition et un premier acte d'hostilité contre les traités, monument, disait-on, de l'absolutisme des princes contre les libertés des peuples. Partout, à l'exemple de la France, en possession depuis Louis XIV de donner le ton, et qui tant de fois s'en est acquittée si mal, les populations irritées saisirent ce biais. Ici se place la séparation de la Belgique, rappelée par M. de Girardin.

Le roi Guillaume de Hollande, honnête homme d'ailleurs, s'étant comporté vis-à-vis de ses sujets belges à peu près comme le roi Ferdinand vis-à-vis des Espagnols, la Belgique, poussée par son clergé, alors prépondérant, se leva comme un homme, et la division du royaume des Pays-Bas fut consommée, avec l'appui de la France et de l'Angleterre. Je n'examine pas si l'insurrection des Belges fut opportune, si, pour des raisons d'intérêt que semblaient avoir compris les plénipotentiaires de Vienne, mieux que les citoyens de Bruxelles et du pays de Liége, ils n'ont pas eu lieu plus tard de la regretter : c'est une autre affaire. La question est de savoir si cette séparation dérogeait aux traités. Sans nul doute elle y dérogeait ; mais à qui la faute ? Au prince qui avait manqué à ses devoirs constitutionnels, ou à la nation qui revendiquait ses droits ? A cette première question, la réponse ne saurait être douteuse : il est évident que l'infraction fut toute du fait du prince, non de celui du peuple. Or, en ce qui touche le respect des conventions, les principes qui régissent les nations sont les mêmes que ceux qu régissent les simples particuliers. Que M. de Girardin, qui s'est mêlé de beaucoup d'affaires dans sa vie, relise l'article 1184 du Code civil ; il y verra que la condition résolutoire est toujours sous-entendue contre celle des parties qui manque à son engagement. Le roi Guillaume, en enfreignant le droit constitutionnel de ses peuples, enfreignait, *ipso facto*, le pacte de Vienne : la nation belge, en ce qui la concernait, prononçait la déchéance de son souverain. Je dis qu'une pareille dérogation était conforme à l'esprit des traités de 1815.

Quant à la question de territoire, elle fut résolue dans le même sens. Un moment il fut question de réunir la Belgique à la France : les puissances ne le permirent pas. Cette annexion eût détruit l'équilibre. Le royaume des Pays-Bas avait été créé en 1815 contre la France : la Belgique fut déclarée neutre ; ce fut tout. Ainsi disparut des traités le fait le plus sensible à notre amour-propre, la délimitation du nord-est de la France par le congrès. Depuis 1830, les places fortes que le roi des Pays-Bas entretenait à grands frais contre nous,

Philippeville, Courtrai, Mons, etc., ont été successivement démolies par le roi des Belges ; tout grief a disparu de ce côté. Les raisons que pouvaient avoir Louis XIV, Napoléon, Louis-Philippe lui-même, de réclamer la Belgique, ont cessé, par la neutralisation du pays et la démolition des places fortes, d'exister. L'équilibre y a gagné plutôt que perdu. Comment, à moins de prétendre avec les libéraux de la Restauration, mais contre l'histoire et contre la logique, que les traités de 1815 étaient une assurance mutuelle des rois contre les peuples, est-il possible de dire que, par la séparation de la Belgique et de la Hollande, ils ont cessé d'exister ? Un prince coupable d'infraction a été puni ; un autre arrangement a été fait pour le peuple qui lui avait appartenu : il n'y a pas autre chose.

Oui, je l'avoue, des infractions nombreuses ont été commises ; oui, et sous ce rapport, je n'ai pas changé d'opinion, il n'a pas tenu depuis trente ans aux peuples et aux souverains, à la presse bavarde et aux faux hommes d'État, que les traités de Vienne ne fussent cent fois anéantis. Mais si le fanatisme et l'hypocrisie se sont déchaînés à l'envi contre ces traités, l'impuissance où l'on est de s'entendre pour les anéantir s'est montrée plus grande encore. A chaque violation répond une protestation, et toujours le débat se résout en faveur de l'équilibre.

Je parlerai ailleurs de l'incorporation par l'Autriche de la république de Cracovie.

On cite la reconnaissance de Napoléon III. Que veut-on dire ? Par les traités de 1815 le régime constitutionnel était garanti à la France ; du même coup la dynastie des

Bonaparte nominativement exclue de la couronne. . .
. . . .
. . . .

Est-il si difficile de comprendre que toute convention peut être modifiée du consentement commun des parties, sinon dans les principes de droit sous la garde desquels elle est placée, et qui par nature sont immuables, au moins dans leur application, c'est-à-dire précisément dans son dispositif; que si les puissances, — après avoir applaudi au 2 Décembre, la Suisse et la Belgique elles-mêmes y ont applaudi ! — ont cru devoir reconnaître le nouvel empereur, l'infraction est couverte par leur acquiescement; que l'exclusion de la famille Bonaparte tenait uniquement à ce qu'on la considérait comme l'expression d'une pensée hostile à l'équilibre européen et au système constitutionnel, mais que l'expérience ayant justifié du bon vouloir de cette dynastie, l'ostracisme prononcé contre elle n'a plus eu de raison ? Est-il vrai que jusqu'à présent Napoléon III n'a rien fait contre cet équilibre, qu'on l'accusait de vouloir détruire; qu'il l'a au contraire constamment maintenu; qu'il a dépensé en Orient un milliard de francs et cent mille hommes pour l'affirmer contre la Russie, dont l'ambition menaçait de le rompre; que dans le même but, après avoir mis un terme à l'exorbitance autrichienne au delà des Monts, il a arrêté la conquête piémontaise à Villafranca; qu'il ne cesse de protester de son entente cordiale avec les puissances; qu'il ne veut rien faire que de concert avec elles; quant aux libertés publiques, que sa Constitution, imitée en partie de celle de 1799, a eu pour excuse la nécessité des circonstances; qu'il l'a déjà modifiée par son décret du 24 novembre; qu'il a annoncé son intention de *couronner l'édifice*, enfin qu'il a été depuis douze ans, non-seulement une des colonnes du congrès de Vienne, mais le plus ferme appui de l'ordre, l'ennemi déclaré des *anarchistes* et des *révolutionnaires*, j'ai presque dit le chef de la Sainte-Alliance, telle que M. de Chateaubriand et les souverains de Prusse, d'Autriche et de Russie entendaient la représenter au congrès de Vérone? Ah! MM. de Girardin et Havin, qui ostensiblement vous faites chefs d'opposition, et qui sournoisement citez l'avénement de Napoléon III en preuve de la destruction des traités, vous êtes des serviteurs bien perfides. Comment ne voyez-vous pas que vous compromettez doublement l'Empereur, dans l'esprit de la démocratie d'abord, qui va revenir de son horreur des traités, et dans l'esprit de l'étranger qui, après le coup d'État, avait mis en lui sa confiance?

On a parlé de Neuchâtel. J'ai été surpris, je l'avoue, que les Suisses, d'ordinaire si prévoyants, aient rompu une alliance utile, qui ne coûtait rien ni à leur conscience, ni à leur liberté, ni à leur bourse. Mais la Suisse y a mis de l'amour-propre : les Neuchâtelois s'ennuyaient qu'on soupçonnât leur républicanisme; les autres cantons redoutaient les conséquences éventuelles du lien, d'ailleurs si fragile, qui les rattachait à la Prusse. Un beau jour le peuple de Neuchâtel a fait faux bond à son roi, et les Suisses ont applaudi. Eh bien! est-il possible de voir dans ce divorce autre chose qu'une affaire domestique? En quoi l'équilibre européen, en quoi la liberté helvétique ou prussienne en souffriraient-ils? Toutes les puissances se sont interposées pour apaiser a dignité offensée du roi de Prusse; elles lui ont envoyé leurs compliments de condoléance : et vous appelez cela une violation des traités de 1815! Mais c'est se moquer du sens commun. Des traités qu'on viole de cette façon dureront autant que les montagnes.

V. — Continuation du même sujet. —. Aux traités de 1815 on oppose les principes de nationalité et des frontières naturelles : impuissance de cette opposition. — Question italienne et hongroise.

Il est vrai : peuples et gouvernements sont tous aujourd'hui, les uns à l'égard des autres, dans un état anti-juridique qui arrête les transactions, trouble les âmes, met en péril la Révolution, bien loin de la servir; et la cause première de ce mal-être, celle qui depuis cinquante ans domine toutes les autres, ce sont les traités de Vienne. Je suis si loin de le nier, que c'est précisément ce que j'impute à crime à tous ceux qui, par l'exercice du pouvoir, par la tribune, par la presse, ayant le privilége d'éclairer l'opinion, n'ont jamais su que prêcher aux masses violations, abrogations, remaniements et palingénésie perpétuelle. Les traités de 1815 existent-ils ou n'existent-ils pas? Seront-ils maintenus ou abrogés? Faut-il les *détester en les respectant*, comme disait autrefois M. Thiers, ou bien les *respecter en les détestant*, comme le soutenait M. Guizot? Dans l'un ou l'autre cas, que devenons-nous? Voilà ce que tout le monde se demande, et ce à quoi, bien loin de répondre eux-mêmes, MM. de Girardin, Havin et consorts travaillent de leur mieux à rendre toute réponse impossible.

Il faut pourtant que cette cécité ait une fin. Autant il est sûr que l'abolition des traités de 1814-1815, si elle était possible, aurait pour conséquence l'anéantissement de l'Europe civilisée, autant il est vrai de dire que le calme et la sécurité ne renaîtront que lorsque peuples et gouvernements sauront à quoi s'en tenir définitivement sur le sens et la portée de ces traités, aussi mal connus que justement célèbres.

Une des meilleures choses qui avaient été faites à Vienne, et à laquelle les puissances signataires avaient songé le moins, fut l'entre-croisement des races et des langues, provenant de l'irrégularité des découpures géographiques. Il n'était point mal, pour la fraternité des nations, qu'il y eût en France des Flamands, des Allemands, des Italiens, des Basques ; il eût été encore mieux qu'il pût y avoir des Français, non-seulement en Belgique, en Suisse, en Piémont, en Prusse même et en Angleterre, mais en Autriche, en Russie, à Naples, en Espagne, en Turquie, partout. La division des peuples slaves entre plusieurs puissances, inévitable, en raison de leur grand nombre, dans un système d'équilibre, pouvait également, au point de vue de la civilisation générale, passer pour excellente. Ces mélanges se légitimaient par de sérieuses considérations. Elles apprenaient aux peuples que la justice, comme la religion, est au-dessus de la langue, du culte et de la figure ; que ce qui fait la patrie, bien plus que les accidents du sol et la variété des races, c'est le droit.

Le succès semblait devoir d'abord répondre à l'idée.

Peu de gens, dans les pays de liberté politique, se plaignirent de la patrie que leur avaient assignée ou rendue les traités. S'il n'existe pas de Français plus fidèles que les Alsaciens et les Corses, la Suisse n'eut pas de patriotes plus fervents que les citoyens des cantons de Vaud, de Genève, de Neuchâtel, de Fribourg et du Valais ; je suppose que les Wallons se soucient peu de se rallier à la France, dont ils parlent la langue, ni les Flamands à la Hollande, dont ils ne sont séparés que par la religion, et de perdre ainsi leur nom de Belges, qui n'est plus aujourd'hui qu'un archaïsme ; et je n'ai jamais entendu dire que les insulaires de Jersey et de Guernesey soupirassent bien ardemment après leur patrie naturelle. Jusqu'en 1848, les Hongrois s'étaient montrés dévoués à la maison d'Autriche ; ce dévouement ne peut manquer de leur revenir, sous une constitution qui, en donnant aux diverses populations de l'empire la même liberté et les mêmes droits, a substitué si heureusement à la tradition féodale le régime fédératif.

Les méfiances une fois excitées, on oublia tout : la fraternisation fut mise de côté. Avec la rapidité de l'éclair, la pensée des masses changea de direction ; à la place des dieux qu'on avait salués avec tant d'enthousiasme, on se forge de nouvelles idoles. On laisse de côté les traités de 1815, et leurs compensations, et leurs croisements, et leurs fusions ; on dédaigne jusqu'à leurs constitutions. Aux principes proclamés à Vienne on en oppose d'autres, plus en rapport avec les imaginations, plus attrayants dans leur matérialisme : c'est, d'une part, le principe des *nationalités*, simple en apparence et d'application facile, au fond indéterminable, sujet à exception et contradiction, source de jalousie et d'inégalité ; en second lieu, le principe plus louche encore, plus arbitraire dans son fatalisme, des *frontières naturelles*.

On a dit souvent que pour renverser un système il faut un système, pour réfuter une idée il faut une idée. C'est ce que semblent avoir compris les adversaires des traités de 1815, opposant principe à principe, politique à politique. Jamais question ne fut plus vivement attaquée : on dut croire que ç'allait être fini des actes de Vienne, et si Napoléon III avait, en 1859, après Solférino, fait la déclaration du 5 novembre 1863, j'avoue, pour mon compte, que j'en eusse été ébranlé. Mais en 1863, après que lui-même a donné, par sa politique de Crimée et de Villafranca, la saccade à ces faux principes, s'en venir dire que les traités de 1815 ont cessé d'exister, cela ne se comprend plus, et j'en concevrais pour ma part l'impression la plus fâcheuse, si je n'avais des raisons plus fortes encore de croire et d'affirmer que la vraie pensée de l'Empereur est tout autre que celle que lui attribuent les journaux courtisans de l'Opposition.

Il y aurait une intéressante étude à faire sur les *nationalités* et les *frontières naturelles*, deux choses, selon moi, que l'on aurait tort de considérer comme chimériques, mais que l'on a singulièrement exagérées, faussées et à la fin compromises, en les opposant aux principes bien supérieurs de 1815. Que le lecteur me permette de renvoyer ces questions à un autre moment, et, pour ne pas m'écarter de mon sujet, de constater simplement ici que les deux principes de *nationalité* et de *frontière naturelle*, incontestablement appelés à jouer un rôle dans les constitutions de l'avenir, mais invoqués mal à propos contre les actes du Congrès de Vienne, en ont reçu le démenti le plus éclatant et le plus irréfragable.

Nous avons observé, à propos de la Belgique, que si, en 1830, il y avait eu infraction aux traités, cette infraction avait été le fait du prince; que le peuple, en prononçant sa déchéance, n'avait fait que lui appliquer la règle du code relative à la condition résolutoire; que la séparation consommée, tout s'était ensuite arrangé avec l'assentiment des puissances, conformément à l'esprit des traités de 1815. Or, remarquez que la Belgique, en affirmant son indépendance, n'a tenu aucun compte du principe de nationalité, pas plus que de celui des frontières naturelles. Au point de vue physiologique, il n'existe pas de nationalité belge pas plus que de nationalité suisse; c'est une association politique entre deux et même trois fractions de races différentes, néerlandaise ou batave, gauloise et germanique. Quant aux frontières, la diplomatie a pu les tracer au crayon sur la carte; impossible de les justifier d'après la configuration du sol.

Ainsi, non-seulement les traités de 1815 n'ont pas été atteints par la création du royaume de Belgique, les deux principes de nationalité et de frontières naturelles qu'on voudrait opposer à ceux des traités n'y ont été pour rien. On n'en a tenu compte non plus que des souvenirs de Clodion et de Charlemagne.

La même chose est arrivée, de 1848 à 1860, pour l'Italie. Là encore le double principe inauguré à Vienne a vaincu le double principe invoqué par Garibaldi. Et bien en a pris à l'Italie, qui ne jouirait pas à cette heure de l'indépendance, si l'empereur des Français n'avait considéré que ses frontières naturelles et sa nationalité.

Observons d'abord que la première infraction contre les traités, en ce qui touche l'Italie, est venue, non pas des Italiens, mais de la cour de Vienne. Les Italiens réclamaient comme tous les autres une constitution : ce qui impliquait, il faut le reconnaître, dans un temps donné, la faculté de se gouverner par eux-mêmes. La chose pouvait à la rigueur se faire sous la suzeraineté de l'empereur germanique, comme elle s'était faite au moyen âge, comme elle s'était faite ensuite pour la Hongrie et la Bohême, comme les traités avaient stipulé qu'elle se ferait pour les trois fractions de la Pologne. N'obtenan rien, ils se soulèvent; vaincus une première fois, ils reviennent à la charge avec l'appui de la France. La formation du royaume d'Italie fut le produit de la victoire de Solférino. Sans doute l'Autriche y a perdu une partie des territoires que lui avaient assignés les traités; mais faut-il redire sans cesse que, dans l'esprit des traités, les dynasties, de même que les circonscriptions territoriales, sont chose secondaire, sujette à modification et réforme ; que le point essentiel, véritable objet du pacte, est dans le maintien de l'équilibre international et la garantie des constitutions ; qu'en conséquence, tout changement de limites ou de dynastie, toute création de souveraineté, suite d'une infraction aux traités, mais qui d'ailleurs n'y porte pas atteinte, est conforme au droit de l'Europe, et que loin de l'abroger il se peut qu'elle le consolide?

Mais voici où l'expansion italienne a rencontré un obstacle infranchissable. D'après les principes de nationalité et de frontières naturelles qu'on oppose aux traités de 1815, les Italiens tendaient, ils tendent encore à former un grand royaume de tous les peuples réputés de sang et de langue italiens, ce qui aboutit, d'abord à englober dans un État unique, en dépit de leur nationalité parfaitement distincte et de leurs frontières nettement accusées par la nature, des États jusque-là indépendants, tels que le royaume de Naples, la Sicile, les États de l'Église et la Toscane ; en second lieu, à refouler l'Autriche bien au delà de l'Adriatique, à lui fermer toute ouverture sur cette mer, à faire de celle-ci un lac italien ; troisièmement, à arracher un canton à la Suisse et la Corse à la France, à balancer la puissance française à laquelle les Italiens doivent leur indépendance ; enfin, à abolir le temporel des papes et à faire du chef de la catholicité un évêque piémontais. Application dérisoire du principe de nationalité, qui de plus faisait une situation inacceptable à la France impériale, à l'Autriche, à la catholicité tout entière, et, sans profit pour les peuples ni pour les idées, compromettait l'équilibre général.

Il est de principe, en politique et en histoire, qu'une nation ne peut, sans danger pour son existence, ni rétrograder ni déchoir. Ce n'est pas l'ambition ou la vanité qui le dit ; ce sont les lois de l'évolution physiologique, de la vie collective, qui le déclarent.

Dans les conditions que les événements lui ont faites, devant cette prépondérance à laquelle semblent l'avoir conviée les traités eux-mêmes, la France ne pouvait, sans déroger, consentir à une pareille extension du royaume italien. Il ne lui eût pas suffi de l'annexion de Nice et de la Savoie, obtenues en échange de la Lombardie, de la Toscane et de Naples ; un supplément de compensation devenait indispensable. L'unité en Italie, avec la frontière jusqu'à l'Adriatique, que dis-je ? jusqu'à Trieste et à la Croatie, signifie la France au Rhin, de Bâle à Dordrecht. Les journaux de l'Empire, ceux de la démocratie ralliée, l'avouent tous ; ils vivent dans cette attente. Sans doute il y a dans cet espoir plus d'ambition que de zèle pour les traités ; mais peut-on nier qu'ici c'est la pensée même des traités qui sert de motif à l'ambition? Si de deux quantités égales vous en augmentez une, pour que l'autre redevienne égale à la première, il faut l'augmenter à son tour d'une quantité égale. L'équilibre est la justice même : c'est le droit des gens, en dépit des frontières soi-disant naturelles et des nationalités. S'il était possible que cet équilibre ne fût plus garanti par les traités, il se referait de lui-même, et nulle puissance ne saurait l'empêcher. Une fois commencé, le mouvement compensatoire ferait le tour de l'Europe. La France au Rhin signifie les Russes à Constantinople, l'Autriche au Balkban et à la mer Noire, l'Angleterre en Égypte ou ailleurs, la Prusse englobant toute l'Allemagne. C'est l'équilibre européen qui se reforme, — au mépris des traités de 1815, direz-vous? — non, mais en confirmation des traités, dont la première loi est l'équilibre.

Or, c'est ici qu'il faut admirer l'effet de la justice, une fois qu'elle s'est pour ainsi dire incorporée dans les faits. La situation est telle qu'aucune des grandes puissances ne peut accepter moins que ce que nous venons de dire, et que cependant les autres ne le peuvent accorder. L'empereur des Français ne pourrait concéder Constantinople à la Russie sans mentir à sa tradition de famille et sans trahir à la fois la France et l'Europe. Pareillement, la France, l'Autriche, la Grèce, la Russie, ne peuvent laisser l'Égypte, le passage de Suez, à l'Angleterre, qui de son côté, avec l'Allemagne, ne peut à aucun prix livrer à la France Ostende, Anvers et le Rhin. En sorte que ce remaniement de la carte, si facile à première vue, se découvre, à l'examen, impossible.

Donc l'Italie émancipée subira la loi commune : son unité ne s'étendra que jusqu'où il conviendra à la dignité et à la prépotence de la France sa protectrice; à l'existence de l'Autriche, à qui personne ne peut avoir la prétention de fermer l'Adriatique; aux intérêts du catholicisme, qui se sentirait déchu si le Pape, de prince indépendant, devenait évêque à la solde du roi de Sardaigne. Vous vous récriez que vous vous moquez du Pape, que vous ne voulez ni de son pouvoir temporel, ni même du catholicisme qu'il représente. Qu'est-ce que cela prouve ? Nous faisons de la politique, en ce moment, non de la théologie. Le catholicisme est-il, oui ou non, une force, la plus grande force morale qui existe sur le globe, force que vous verrez bientôt s'accroître en raison même des inintelligents efforts que vous faites pour la détruire ? Et vous auriez la prétention de n'en tenir compte ? Combien êtes-vous ? Je vous l'ai dit ailleurs : pour avoir raison du catholicisme, il faut d'autres idées que les vôtres : hors de là, subissez-en la charge.

Des fractions de la race italienne appartiendront donc, les unes à la France, les autres à l'Autriche et à la Suisse; eh ! ce sang est-il donc si noble, aurait dit la Convention, qu'il ne puisse, dans l'intérêt de la paix du monde, s'en mêler une goutte au sang étranger ? Les Allemands, les Slaves, les Français eux-mêmes, sont moins difficiles; et je ne trouve pas, quoi qu'on dise, qu'ils soient en rien inférieurs aux compatriotes de Garibaldi. Que si l'Italie, n'écoutant que son égoïsme, persiste à vouloir s'exempter de la loi commune, eh bien! que Garibaldi et ses camisards le sachent : en protestant contre le droit de 1815, ils se placent sous l'ancien droit de la guerre antérieur au traité de Westphalie, ce qui veut dire que leur nationalité, inconciliable avec la paix de l'Europe, appartient au premier occupant.

Même observation encore pour la Hongrie.

En 1848, la Hongrie, profitant de la commotion générale, se sépare de l'Autriche. En tant que cette séparation avait pour motif la résistance systématique de M. de Metternich au mouvement constitutionnel, je répète ce que j'ai dit à propos de l'Italie et de la Belgique : la Hongrie était dans le vrai sens du Congrès de Vienne ; l'infracteur était M. de Metternich. Mais lorsque la Hongrie, sous l'inspiration de l'avocat Kossuth, se met à invoquer le principe de nationalité, elle ne s'aperçoit pas qu'elle agit contre sa propre ambition et travaille à sa perte. La noblesse hongroise n'avait à faire qu'une chose : c'était de s'emparer de la prépotence politique, au besoin de se substituer à la dynastie de Habsbourg, mais en organisant, sur le principe de l'égalité, la fédération des peuples autrichiens. Au lieu de cela, les Magyars mettent à revendiquer leurs antiques priviléges une insistance suspecte ; ils se considèrent comme suzerains, traitent en subordonnés, pour ne pas dire en peuples conquis, Croates et Transylvains, jadis leurs tributaires, maintenant leurs égaux de par la Révolution et de par les traités. Le résultat était facile à prévoir : les Transylvains et les Croates, joints aux Allemands de l'archiduché d'Autriche, se réunissent à l'empire contre la

Hongrie ; l'empereur Nicolas intervient à son tour, ne songeant qu'à étouffer l'esprit de révolte, et ne se doutant pas qu'en prenant la défense des traités, il servait à son insu, mieux que les nationalistes, toutes les libertés.

Dix ans plus tard, après la bataille de Solférino, la fortune sembla vouloir encore favoriser les Hongrois ; l'empire d'Autriche touchait à sa dernière heure : qui le sauva de sa destruction ? D'abord, la contradiction du principe de nationalité, que s'obstinaient à invoquer les Magyars et qui, pour la seconde fois, rallia au faisceau impérial les nationalités menacées ; puis, et enfin, la constitution de 1861, qui a rendu l'Autriche plus forte, malgré ses pertes, qu'elle n'était avant la guerre.

VI. — Question polonaise.

J'avais résolu de garder le silence sur la Pologne jusqu'à son entier apaisement. Mais puisque c'est à son intention qu'on déclare les traités de 1815 abrogés et que l'on rassemble un Congrès, puisque la Pologne est devenue la pierre d'achoppement de la diplomatie, du droit des nations et de la paix du monde ; puisqu'il y va de la générosité française, mise en demeure de se montrer, de remplir ses promesses et de payer ses dettes, le moment me semble venu de soumettre cette affaire à une discussion sérieuse. En exprimant mon opinion, peu favorable, je regrette de le dire, aux prétentions des Polonais, j'ai mon excuse dans les circonstances.

Tout le monde a remarqué le tissu de contradictions qui obscurcit cet affligeant débat. D'un côté, c'est en vertu des traités de 1815 que la diplomatie est intervenue en faveur de la Pologne, qu'elle a encouragé la révolte et exercé sur le cabinet de Saint-Pétersbourg une pression; d'autre part, c'est en vertu des mêmes traités et de son droit de conquête, que la Russie revendique la suzeraineté du royaume de Pologne et la propriété des provinces qu'elle en avait antérieurement détachées. Mais c'est justement contre les traités de Vienne que les Polonais, qui les ont longtemps invoqués, se lèvent aujourd'hui, et que, faisant appel à des principes supérieurs selon eux, à des considérations tirées tantôt du traité de Westphalie et du principe même d'équilibre, tantôt de l'inviolabilité des nations, ils réclament leur affranchissement. Enfin, c'est pour faire droit autant que possible à cette pétition, que l'on vient de déclarer *in globo* les traités de 1815 abrogés et que l'on s'occupe de réunir un congrès. C'est-à-dire que le droit public européen promulgué au congrès de Vienne est déclaré non avenu, la paix de l'Europe sacrifiée, l'équilibre compromis, toutes les libertés des peuples exposées à une suspension, parce que les traités de 1815, acceptant la chose jugée, n'ont pas cru devoir revenir sur l'exécution prononcée en 1772, 1794 et 1796, contre les Polonais. Il y a quelque chose de tellement exorbitant dans ce sacrifice des intérêts de tout un continent aux satisfactions demandées par une nationalité abrogée depuis plus d'un siècle, que le sens commun se tient en méfiance, et qu'on se dit par avance qu'une telle requête ne peut être admise.

Examinons donc une fois, dans ses vrais termes, cette question polonaise jusqu'à ce jour livrée au sentimentalisme; texte de déclamation facile pour les rhéteurs qui, fermant les yeux sur les faits, ne tiennent compte ni des conditions de l'existence politique des nations ni des justices de l'histoire ; examinons-la, cette cause fameuse, le plus succinctement que nous pourrons, au flambeau de la jurisprudence des États. La vérité n'est malfaisante pour personne : et s'il se trouvait que la Pologne a été traitée tout à la fois selon le droit des nations et selon ses mérites ; que son démembrement fut juste autant que nécessaire ; que la raison historique le ratifie ; que la saine politique en exige le maintien ; s'il était vrai que le partage de 1773 a été pour la Pologne le point de départ de la régénération de ses peuples : je dis que non-seulement la France et l'Europe devraient s'abstenir de paraître au débat actuel, mais que l'insurrection devrait, en posant les armes, regarder le fait accompli comme une expiation et comme un bien.

Jusqu'à présent les défenseurs de la nationalité polonaise sont partis de cette hypothèse que la Pologne avait été rayée de la carte de l'Europe par l'effet d'un guet-apens ; qu'un crime avait été commis contre elle par trois souverains, trois brigands couronnés, le roi de Prusse Frédéric II, l'impératrice de Russie Catherine II, et l'impératrice d'Autriche Marie-Thérèse. La solidarité de cet assassinat pèse, dit-on, sur l'Europe, qui ne retrouvera de paix que lorsque réparation aura été faite. Journalistes, brochuriers, historiens, plébéiens et aristocrates, jacobins et jésuites, sont d'accord pour accuser le fameux partage. L'honnête bourgeoisie, qui ne sait des choses que ce que ses journaux lui en racontent entre un bulletin de bourse et un feuilleton de théâtre, trouve la conduite des trois puissances inqualifiable. Les amis de l'Empire font valoir en faveur de la Pologne une glorieuse confraternité d'armes ; la démocratie socialiste, chose qui ferait rire si elle ne faisait pitié, a appris à dire : *Nos frères polonais.* Des hommes honorables, dont l'opinion fait autorité en politique et en histoire, mais qui ne font ici que ressasser une vieille complainte, ajoutent à cette réprobation universelle le poids de leur jugement. Certes, si la Pologne a tort de se plaindre, l'opinion a été en sa faveur savamment travaillée. Eh bien ! sachons au vrai ce qu'il en est de ce prétendu crime : pas n'est besoin pour cela, je vous assure, de déchirer les traités et de mettre le feu aux quatre coins du monde.

Je suis méfiant de ma nature ; j'aime, dans les cas graves, à me rendre compte par moi-même des choses ; et quand j'aperçois le mensonge, quand je surprends, *flagrante delicto*, l'hypocrisie, je deviens malgré moi sévère. Que l'on me pardonne donc ce que mes expressions pourront contenir de rigoureux. Ce qui m'indigne en ce moment, ce n'est pas l'insistance des Polonais, à qui je ne puis en vouloir de leur patriotisme, c'est la mauvaise foi de ceux qui les excitent, ou qui, tout en leur prêchant la résignation, n'ont pas le courage de leur dire la vérité telle qu'elle est, vérité cruelle, mais moins cruelle encore que la fausse compassion de ces conciliateurs.

Posons la question comme elle doit l'être, dans sa rude franchise : Les Polonais sont-ils fondés, au point de vue de l'histoire et du droit des gens, à former appel du partage de 1773 et de ceux qui l'ont suivi, et à revendiquer, au tribunal de l'Europe, leur rétablissement ? Car il est évident que si, d'un côté, les Polonais sont mal fondés dans leur appel, si la postérité doit confirmer le jugement de 1773, la diplomatie qui s'est mêlée, en dernier lieu de cette affaire a agi, à l'égard de la Russie, avec malveillance et mauvaise foi, qu'elle a méconnu l'esprit des traités, qu'elle avait secrètement en vue autre chose que l'intérêt que pouvait lui inspirer une nation exaltée, et que ses actes doivent être blâmés ; si, au contraire, il y a eu crime, il n'est fait accompli qui tienne, dédommagement qui satisfasse, conciliation qui puisse se faire accepter, il faut rétablir la Pologne dans son indépendance et sa souveraineté.

Or, voici après deux ans d'étude, d'une étude qui embrasse toute l'histoire de Pologne depuis le cinquième siècle de l'ère chrétienne jusqu'à la présente année 1863, la réponse que je me suis faite :

Non, les Polonais ne sont pas en droit. Ils ne peuvent arguer, en faveur de leur réviviscence, ni des traités de 1815, ni du traité de Westphalie, ni de l'ancien droit de la guerre et des gens, ni d'aucune considération de droit naturel ou positif. Les partages de 1773, 1794, 1790, 1807 et 1815 furent des actes juridiques parfaitement réguliers, aujourd'hui moins que jamais susceptibles d'être attaqués. Il est vrai que ceux qui les premiers, en 1773, procédèrent au démembrement, ne paraissent pas avoir eu clairement conscience de leur acte. L'ambition a eu part à leur œuvre autant que le droit : cela a tenu à l'état encore peu avancé de la philosophie de l'histoire, à l'ignorance où l'on était généralement des principes. Mais nous, qui voyons les choses d'ensemble et jugeons sans parti pris, nous que les misères de la politique et les horreurs de la guerre ne doivent point aveugler sur le fond des choses, nous pouvons dire que les auteurs du partage ont été les agents d'une justice dès longtemps arrêtée; que l'exécution de la Pologne a été un fait d'ordre européen, commandé par la nécessité, le soin de la paix générale et du progrès, fait que les traités subséquents ont dû consacrer, et sur lequel il serait insensé, pour ne pas dire criminel, de revenir.

Je serai court; je ne trouve nulle volupté à fouiller une plaie douloureuse. Mais l'espèce de cauchemar que cette question de Pologne fait peser sur mes concitoyens; l'obligation qu'on prétend faire à la France de se charger à elle seule, contre le sentiment des puissances, d'une restauration aussi dangereuse que mal justifiée; le système de mensonges accumulés par une presse dont nous avons appris, depuis 1859, à suspecter le patriotisme et le désintéressement autant que les lumières; l'entraînement de la multitude, à qui l'on est parvenu à faire prendre une intrigue de jésuites, de chauvins et de nobles, pour la cause sacrée des nationalités : toutes ces considérations me font un devoir de dire nettement ce que je pense. Et si les faits, en petit nombre, que je me borne à grouper dans cet écrit, paraissaient insuffisants, je préviens que j'en ai dix fois autant à mon service, et que je suis en mesure de répondre aux démentis, de quelque part qu'ils viennent, d'une façon qui ne souffrira pas de réplique.

Commençons, pour être justes et couper court à tout ressentiment, par constater un fait dont l'observation paraît avoir échappé aux historiens. Tous les malheurs de la Pologne ont eu leur source dans l'institution qui, dès le dixième siècle, y était devenue prépondérante, mais dont on ne saurait accuser les Polonais : la nature humaine fut ici seule coupable ; je veux parler de l'institution nobiliaire.

Il ne s'agit point en ce moment d'une vaine démonstration de sans-culottisme : le lecteur se tromperait grandement et me ferait tort, s'il s'attendait de ma part à rien de semblable. L'aristocratie est chez tous les peuples, comme la monarchie elle-même, de formation primordiale. Partout c'est elle qui donne à la multitude l'élan et le caractère, façonne la monarchie, organise le pouvoir ; elle ne se retire que lorsque la plèbe est parvenue à majorité. On sait quel fut le génie politique, la vertu incomparable et la majesté de caractère du patriciat romain ; quels exemples, quelles traditions il laissa au peuple ; avec quelle sûreté de vues, quelle constance de maximes il conduisit la plèbe latine à la conquête du monde. Cet exemple nous montre ce que fut jadis le rôle de l'aristocratie ; ce qui, pendant des générations, rendit sa prépotence légitime, et comment il convient aujourd'hui de la juger. On connaît également la force de l'aristocratie anglaise ; quelle part elle a prise dans la fondation et le développement des libertés britanniques ; comment, par son esprit de progrès, elle a su se rendre populaire, et à quel degré de puissance elle a porté la nation. C'est l'aristocratie qui, en Angleterre, a créé la bourgeoisie et le peuple. On ignore, a écrit quelque part John Russell, à quelle époque le servage a été aboli en Angleterre. L'aristocratie anglaise aura sa fin comme toute autre ; mais elle n'entraînera pas la nation avec elle, et sa gloire en mourant sera de laisser une démocratie qui lui sera supérieure.

Ce que je tiens à consigner ici, à propos de la Pologne, et même à sa décharge, c'est que l'institution nobiliaire, si dangereuse déjà pour les races les plus fortement trempées, et qui reçut en Pologne une extension aussi exagérée, était moins faite pour les Polonais que pour aucun autre peuple, à cent lieues au-dessus de leur gravité, de leur énergie morale, de la consistance de leur esprit ; si bien qu'à peine formée, elle est devenue l'agent de dissolution des mœurs publiques, le fléau du paysan et de l'État. Le génie slave est incompatible avec l'idée de caste. En Pologne comme ailleurs, l'aristocratie est née spontanément, d'abord de l'inégalité des facultés, puis de l'exercice des fonctions publiques et de la distinction des apanages. Mais ce germe, de faible complexion, aurait bientôt et immanquablement avorté, s'il n'avait reçu du dehors, avec le Christianisme, l'impulsion de l'Église catholique et féodale. En Russie, les mœurs primitives se soutinrent mieux ; le sacerdoce grec y était moins contraire ; la classe des seigneurs s'y forma tard, d'importation ou imitation polonaise, et ne parvint jamais à dominer l'autorité populaire des czars. Ce fut le contraire en Pologne. Ici, l'Église dominant la couronne, l'influence féodale eut toute liberté. L'esprit des masses ne put réagir ; la royauté, tenue en respect par l'épiscopat, se trouva impuissante ; il y eut une véritable frénésie d'anoblissement, d'autant plus ardente que les sujets étaient plus médiocres ; et la race prétendue noble, dépravée dès sa naissance, dépourvue de génie propre, mais subalternisant et possédant tout le reste, n'exista que pour l'abâtardissement du peuple, la ruine de l'État et la honte nationale.

Jamais nation ne fut à ce point trahie par ce qui semblait, au moyen âge, devoir assurer sa grandeur, sa noblesse et son clergé. C'est, il faut le redire, que l'aristocratie, dangereuse en elle-même, et qu'il convient en tout état de cause, de ne considérer que comme un organe de transition, est funeste chez les natures simples et tendres, en qui la vanité, comme chez les femmes, domine plus que l'ambition, et dont le moi, véhément ou timide, est aussi impropre au commandement qu'au domaine. Les Slaves, grands enfants, n'étaient nullement du bois dont on peut, sans trop de risque, faire des nobles. Ils ont pris la noblesse, et ses titres, et ses immunités, et ses apanages, comme un joujou ; ils l'ont aimée comme ils aimaient les riches fourrures, les belles armes, les chevaux, et les courses rapides qui les leur procuraient : il était à cent lieues de leur pensée de se prendre pour des hommes politiques, des éducateurs de la tplèbe; ils n'ont jamais soupçonné cette maxime de l'aris ocratie d'Occident, que noblesse oblige.

Ce serait ici le lieu de dire comment la noblesse polonaise naquit, ainsi que les rois eux-mêmes, de la classe agricole ; ce qu'elle fut dans ses origines, dans ses usurpations, dans sa vie publique et sa vie privée, dans sa manière de faire la guerre, dans sa conduite avec les paysans, ses frères non anoblis ; de raconter son ostentation, ses prodigalités, son insolence et en même temps son humilité ; son manque absolu d'esprit public, son intempérance proverbiale, son goût de rapine et ses violences. Le temps me presse ; je laisse cette monographie pour une autre occasion. Catholique romaine et nobiliaire, la Pologne reçut, avec le baptème, son arrêt de mort. Elle n'était plus viable.

Ainsi, quand je dis la Pologne, il est sous-entendu, une fois pour toutes, que je parle des deux ou trois millions de nobles polonais répandus sur la surface des territoires partagés, et qui presque seuls, aujourd'hui comme au onzième siècle, forment le corps politique. Là, le peuple a été constamment retenu dans le servage, écrasé d'avanies, mis au régime des razzias; il n'a commencé à connaître la liberté que depuis le démembrement; à l'heure où j'écris, il n'est pas né à la vie politique. Quant à la noblesse, elle est restée la même, elle n'a rien rabattu de sa présomption, rien perdu de son impuissance. Ceux qui disent le contraire la flattent; elle est incurable... Or, qu'est-ce, je le demande, qu'une nationalité qui ne se compose que de nobles ? A-t-elle sa place dans l'Europe moderne, dans l'Europe de la Révolution ? N'est-elle pas l'ennemie naturelle de tous les peuples, non-seulement des peuples latins et germaniques, mais aussi, mais surtout des peuples slaves? Posée dès le début, cette question de la noblesse polonaise formerait à elle seule, contre la demande de restauration qu'elle intente, un préjugé invincible.

Après avoir pendant des siècles scandalisé l'Europe de ses discordes, la Pologne finit moralement en 1696 ; elle rend le dernier soupir avec Sobieski. Sobieski, le plus grand homme qu'ait produit la Pologne, cœur vraiment grand et noble, mais justement à cause de cela celui de tous les rois que la noblesse paraît avoir haï le plus. Dès la mort de Cazimir III, dernier des Piast, en 1370, la Pologne s'était mise à trafiquer de sa couronne, comme une courtisane de sa beauté. Elle gagna à ce commerce, outre l'argent des candidats, l'adjonction de la Lithuanie, dont les terres immenses et fertiles fournirent à propos aux nobles polonais un moyen de se refaire, mais avec laquelle, malgré les complaisances de Jagellon et de ses successeurs, elle ne cessa de vivre en fort mauvais ménage. L'union fraternelle des Lithuaniens et des Polonais, c'est-à-dire des nobles des deux pays, puisque chez les uns comme chez les autres la plèbe ne compte pas, cette union, dis-je, jusqu'en 1772, est un mythe, et nul ne saurait dire aujourd'hui que leur commune déconfiture les ait réconciliés. Plus tard, la dynastie jagellonide épuisée, les Polonais essayèrent de celle des Wasa, 1587, avec laquelle ils se voyaient en perspective maîtres de la Suède. C'est dans ce but que le roi de Pologne Sigismond III soutint contre la Suède sa patrie, une guerre aussi injuste qu'impolitique, que firent cruellement expier à la Pologne Gustave-Adolphe et Charles XII, les deux héros suédois.

Ainsi du premier regard que nous jetons sur la Pologne et sur son histoire, nous découvrons, quoi? Que la nationalité polonaise consiste exclusivement dans la noblesse : sur quoi je demande ce qu'a de commun cette caste nobiliaire avec l'Europe démocratique, égalitaire et constitutionnelle? Le second coup d'œil nous apprend quoi encore? Que lesdits nobles, ayant épuisé leurs rois, ont appelé pour régner sur eux, pendant quatre cents ans, des princes étrangers, hongrois, lithuaniens, français, transylvains, suédois, saxons. Et je demande de nouveau de quel front la noblesse polonaise se plaint aujourd'hui d'appartenir à des rois prussiens, autrichiens et russes? Vous n'avez jamais su être Polonais, et vous parlez de nationalité.

L'histoire de Pologne, depuis son origine, peut se définir une longue décadence : le mot est de l'historien Salvandy, un ami des Polonais. Il est étrange qu'on veuille nous intéresser à la restauration d'une nationalité que condamnent ses propres annales. Réservé faite des individualités hors ligne que l'on rencontre en Pologne comme ailleurs, la nation, dépravée par sa conversion même, dépouillée, par sa fantaisie catholico-féodale, de ses institutions propres, sevrée de son génie, ne gardant que ses vices, arrêtée, enfin, dans son développement, apparaît aussi dépourvue d'instinct politique que de sens justicier. En ce qui concerne le droit civil, elle laisse périr la possession slave, protectrice de la commune et de la liberté du paysan ; mais sans parvenir à constituer chez elle, pas même au profit de la noblesse, la vraie forme de propriété. Elle essaye, à l'instar de la France de Hugues-Capet, rivale de l'Empire, de se constituer par la monarchie, 964-1139, et n'y réussit pas. La royauté est terrassée par l'aristocratie, mise à néant. Le titre fut conservé, l'institution n'exista jamais qu'en figure. « Je « ne veux pas être un roi de porcelaine, » leur disait Bathori le Transsylvain, un des plus grands hommes qui aient régné, — ne disons jamais gouverné, — en Pologne. On soupçonne le poison d'avoir abrégé les jours de ce prince à idées gouvernementales. Le roi, en Pologne, est un distributeur de sinécures (*starosties*), le plus magnifique des seigneurs : hors de là, rien. Quand la dynastie indigène fut usée, on eut recours aux étrangers ; alors commença la grande mystification. Fascinés par ce titre de roi de Pologne dont ils ne connaissaient ni le sens ni les charges, les prétendants accouraient du nord, de l'ouest, de l'est et du sud, prodiguaient les trésors, tenaient table ouverte ; puis, le marché conclu, on leur faisait jurer les *pacta conventa,* charte dérisoire qui réduisait leur autorité à néant.

Après la monarchie, la Pologne essaye de l'aristocratie féodale ; elle tâche de se rattacher au système de l'Empire, 1139-1319. Mais la petite noblesse s'insurge contre la haute ; au droit germanique on oppose le droit polonique, et tout finit par une transaction qui n'est ni monarchie, ni féodalité, ni démocratie : c'est le juste-milieu polonais. De 1320 à 1492 la Pologne est au régime de bascule ; si elle n'a pas fait la théorie du gouvernement doctrinaire, si savamment élaboré et pratiqué de nos jours, on ne peut lui en refuser la priorité. Les historiens polonais nomment cette période *florissante,* sans doute à cause des fournées de lois, toutes plus belles les unes que les autres, à la confection desquelles rois, noblesse et clergé prirent part, mais dont aucune ne peut se vanter d'avoir eu les honneurs de l'application. Amusement d'oisifs jouant à la *réforme,* dont quelques honnêtes gens étaient momentanément dupes, et que les historiens polonais étalent avec orgueil. Mais jamais, chez aucun peuple, la dissolution des mœurs, l'insolence nobiliaire, le mépris des lois, la misère des masses, ne sévirent avec plus de violence que pendant cette floraison. C'est le beau moment de la pourriture polonaise et de l'asservissement des *kmétons* ou paysans. Alors il n'y avait pas d'anarchie en Pologne ; il n'y avait pas même un simulacre d'autorité. Ni justice, ni police ;

les nobles faisaient ce qu'ils voulaient, comme dit la Bible parlant de l'anarchie des Hébreux. La politique des rois était de laisser faire et de jouir eux-mêmes : le plus illustre de tous, celui que les Polonais ont surnommé le *Grand*, Cazimir III, fut un Sardanapale. Enfin la crise finale commence à l'avénement de Jean-Albert pour finir à la mort de Sobieski : c'est la période de grande anarchie. Si, comme je le crois, le principe anarchique élevé jusqu'à l'absolu a son rôle dans les destinées du genre humain et la constitution des empires, cet élément a trouvé son vrai représentant dans la Pologne ; malheureusement, il faut bien le reconnaître, son heure n'est pas encore venue.

La Pologne a toujours été à rebours du mouvement général. En Angleterre, l'aristocratie s'entend avec la bourgeoisie pour dompter la royauté ; en France, c'est la royauté qui s'unit aux communes pour réduire la noblesse ; en Allemagne, la Confédération se forme autour du pivot impérial. La Pologne est réfractaire à toutes les combinaisons ; sa prétendue civilisation au moyen âge n'est qu'une vaine ostentation de luxe oriental ; sa littérature une contrefaçon de latinistes ; sa république, dont le vocabulaire est emprunté à l'ancienne Rome, un décor d'Opéra ; sa dévotion, une bigoterie à outrance. Rien de vrai, rien d'arrêté chez ces natures sensuelles, livrées à toute la fureur des passions, à toutes les jalousies de l'égoïsme, à toutes les fantaisies de l'idéal. Le préjugé nobiliaire, poussé jusqu'à la puérilité et à la folie, l'indiscipline érigée en point d'honneur, faussant toutes les idées, on les verra tour à tour, faux royalistes, faux aristocrates, faux démocrates, faux catholiques, faux protestants, faux révolutionnaires, comme ils étaient faux nobles : ils ne seront fidèles qu'aux jésuites.

J'ai dit que le peuple, à qui il faut toujours en revenir quand on veut juger une nation, n'a pas encore donné signe de vie, si ce n'est pour maudire et brûler ses seigneurs. A l'époque de la conversion, 964, les nobles défendent de leur donner le baptême, ne les jugeant pas dignes de la rédemption du Christ. Plus tard, 1040, cette malheureuse plèbe, qu'on refoulait dans son paganisme afin de l'exploiter avec d'autant moins de scrupule, ayant osé s'insurger, on en fait sous Cazimir-le-Moine d'épouvantables massacres. C'est alors que le nom de *slave, esclave,* devient en Europe synonyme de serf : est-ce nous, habitants des bords de la Seine et du Rhône, qui avons pu inventer ce mot? N'est-il pas clair que cette odieuse note de servitude est du fait de la noblesse polonaise, qui, traitant le paysan, l'homme de la langue (*slava*), a déshonoré le nom de slave, tandis qu'elle affectait de s'appeler elle-même *léchite*, race de Lech, ou plutôt *Schlakhtzitz*, race noble? Je passe sur la guerre d'extermination faite au XVIIe siècle aux Kozaks zaporogues, c'est-à-dire aux paysans réfugiés sur les cataractes du Dniéper, le crime irrémissible de la Pologne après l'atroce *pacification* de Cazimir-le-Moine. Rien ne prouve que les nobles polonais soient d'un autre sang que leurs *kmétons :* mais telle a été pendant huit siècles la macération subie par cette classe infortunée, qu'elle ne conserve rien de la physionomie de ses maîtres, et que de savants hommes, tels que Malte-Brun, supposent l'existence en Pologne de deux races, une conquérante, la noblesse, l'autre conquise et de temps immémorial réduite en servitude, les paysans. Que les peuples, comme les individus, se gardent en toute chose de faire violence à leur naturel. Les Slaves polonais, non contents de la foi catholique qu'ils avaient embrassée, voulurent, à l'instar de la chrétienté d'Occident, se donner des nobles, des rois et des serfs. La noblesse a promptement dégénéré chez eux en brigandage ; la royauté est devenue une vaine idole ; le serf a été plus misérable, plus avili, qu'on ne le vit jamais chez les Orientaux, les Romains et les Grecs. On parle de nationalité. Que la noblesse polonaise commence par s'exécuter la première ; qu'elle rende à l'existence ceux dont elle a usurpé la terre, et que depuis si longtemps elle opprime.

Mais j'ai hâte d'arriver au partage.

Sobieski mort, la Pologne se vend au Saxon, qui, par son alliance avec Pierre de Russie, attire sur elle les foudres du roi de Suède, puis est forcé de céder la place à Stanislas Leczinski, noble caractère, doué de toutes les vertus de Sobieski sans une seule de ses faiblesses, l'ami, enfin, le protégé de Charles XII. C'était le cas pour les Polonais d'abandonner le Saxon et d'assurer leur indépendance, d'un côté en s'alliant à la Suède, dont ils ne pouvaient jamais avoir rien à craindre, contre le Moscowite qui les menaçait ; de l'autre, en se donnant une royauté définitivement nationale. Mais en Pologne la royauté est exclusive de la nationalité. Charles XII défait à Pultava, Frédéric-Auguste rentre, comme chez lui, en Pologne ; Stanislas fuit à l'étranger. La paix est signée en 1720.

En 1733, mort de Frédéric-Auguste 1er, « plus regretté,

dit un écrivain, des Saxons qu'il avait ruinés pour ac-
« quérir la Pologne, que des Polonais qu'il avait gorgés
« en achetant leurs suffrages. » A cette nouvelle Stanislas quitte la France et se fait reconnaître roi à Varsovie. La guerre commence entre la France et l'Autriche
pour la succession de Pologne; elle dure trois ans. Les
Polonais ne soutiennent pas leur roi patriote; Frédéric-
Auguste II, l'homme de la Russie et de l'Autriche, reste
le maître, et Stanislas renonce pour la seconde fois au
trône de son pays. Le duché de Bar et Lorraine, terre
alors germanique, appartenant à la maison d'Autriche,
lui est cédé avec droit de réversion à la couronne de
France; l'Autriche reçoit en échange le duché de Toscane. C'est ainsi que la France a reçu sa part dans le
démembrement de la Pologne.

Ainsi la Pologne était une cause permanente de conflagration pour l'Europe, dont elle déplaçait incessam-
ment, par la vénalité de ses élections, le centre de gravité. Le traité de Westphàlie, par le bon plaisir des Polonais, n'existait plus. Un tel état de choses ne pouvait
être toléré. La paix de Vienne, 3 octobre 1735, où la
France et l'Autriche se désintéressèrent mutuellement
de leurs vues sur ce pays, était un présage de sinistre
augure, une sorte d'anticipation sur le partage de 1773.
Désormais l'étranger a la main sur la Pologne; tôt ou
tard, de gré ou de force, il faudra qu'elle subisse la loi
de l'équilibre; si elle ne peut entrer entière dans le système européen, elle y entrera écartelée.

De 1735 à 1764, date de la mort de Frédéric-Auguste II, roi de Saxe et de Pologne, voit-on que les Polonais se soient amendés? En aucune façon : ils ne se

doutent ni de leur turpitude ni du péril qui les menace.

La dégradation est telle que les deux plus grands personnages de la république, les frères Czartoryski, n'entrevoient de salut pour leur patrie que dans une réforme imposée d'autorité, avec l'appui d'une force étrangère. C'est précisément le système repris de nos jours, avec moins d'habileté, par le marquis Wielopolski. On s'effraye à l'idée d'une entreprise aussi désespérée, qui accuse si haut l'incapacité politique et le mauvais vouloir des Polonais. Mais lisez l'*Histoire* de Rulhières, lisez-la deux fois plutôt qu'une, et vous resterez convaincu que telle était en effet, en 1764, la dernière ressource de la liberté en Pologne.

C'est à la Russie que les Czartoryski demandèrent assistance, la jugeant alors moins dangereuse pour l'indépendance de leur pays que la Prusse ou l'Autriche. De là l'élection de Stanislas Poniatowski, leur neveu, ex-amant de l'impératrice Catherine. Ce n'était pas le candidat que les princes Czartoryski eussent préféré, et la suite fit voir qu'ils avaient bien jugé leur homme. Mais tel fut, sur l'esprit des nobles Polonais, le prestige de ce titre d'amant d'une impératrice, que la candidature de Poniatowski, à peine posée par lui-même, se trouva imposée : il fut élu, 6 septembre 1764, avec l'assentiment de la Prusse et à la gloire de Catherine, dont on célébra partout la puissance et les magnanimes amours.

Cependant le succès semblait devoir répondre aux efforts des deux réformateurs. Une de leurs idées, la plus importante, était de créer en Pologne une classe moyenne, partie composée de paysans dont la classe entière aurait été émancipée, partie formée de cette noblesse inférieure, qui, haïssant le travail, croyait déroger en se livrant au commerce et à l'industrie, et préférait gueuser ou vivre dans la domesticité des hauts seigneurs. La classe moyenne devait servir de point d'appui à la royauté, contre les attaques du parti rétrograde. Qui fit tout à coup échouer ce plan? Le roi lui-même, Poniatowski, qui trahit le secret de ses oncles et les délaissa pour se livrer aux nobles; et les nobles, c'est-à-dire les Polonais, qui, dans leur horreur de toute réforme nobiliaire comme de toute émancipation plébéienne, dénoncèrent à Catherine, comme un complot contre la Russie, le plan régénérateur des Czartoryski. De ce moment tout fut perdu : la réforme commencée fut abandonnée ; l'impératrice avertie eut l'œil sur le gouvernement de Poniatowski; et quand la France, qui, pour prix de son désistement à l'égard de la Pologne, venait de s'annexer la Lorraine, essaya néanmoins, par une diversion puissante, de sauver ce pays en faisant déclarer la guerre à la Russie par la Porte, aussitôt la Prusse et l'Autriche, entrant dans la querelle, répondirent au signal parti de Constantinople en faisant avancer leurs armées, 1771 ; deux ans après, sur les instances de Frédéric II, on procédait au partage.

Nul plus que moi n'est disposé à plaindre les Polonais. Mais qui donc peuvent-ils accuser de leur infortune, si ce n'est eux-mêmes? Supposez que le royaume de Belgique devenant électif, la couronne soit offerte par le peuple belge tantôt à un prince de Galles, tantôt à un archiduc d'Autriche, tantôt à l'empereur des Français ou au roi de Prusse. Il est aisé de prévoir que tôt ou tard le prince élu voudra conserver ce qui ne lui aura été donné qu'à vie; que les autres prétendants ne le permettront pas; que la guerre s'allumera entre les puissances compétitrices pour la possession de ce royaume au concours, et que le débat finira par une transaction qui, en apaisant tous les intérêts rivaux, mettra fin à la nationalité belge. Ce fut par une raison analogue que Louis XIV envahit en 1665 les Pays-Bas, qu'il ne pouvait laisser à la maison d'Autriche : son seul tort fut de ne pas déclarer ouvertement ses projets et de se prévaloir d'un prétendu droit de dévolution qui n'existait pas. Or, tel était précisément au dix-huitième siècle, à la mort de Sobieski, le cas de la Pologne. Ne sachant, ne pouvant ni ne voulant s'appartenir à elle-même, n'existant plus que pour le trouble de l'Europe, il fallait qu'elle fût à quelqu'un : le partage de 1773 a fait cesser l'anomalie polonaise. Pas une protestation ne s'est élevée en Europe : qui donc pouvait y avoir intérêt? La France, nous l'avons vu, était désintéressée par l'acquisition de la Lorraine; la Suède gardait le souvenir de ses griefs; l'Angleterre avait pris dès longtemps ses compensations.

Les partages postérieurs ont été la conséquence du premier, et, comme le premier, ils ont été provoqués par les Polonais. En 1791, la constitution est réformée par le roi, qui comprend enfin la sagesse des idées de ses oncles : des promesses sont faites aux paysans; la royauté est rendue héréditaire, et la couronne offerte à la maison de Saxe, après la mort du roi régnant. On sollicite l'alliance de la Prusse. Le moment était passé : rien ne réussit plus. D'abord, ce sont les nobles qui, ayant conservé leurs droits et prérogatives, forment avec l'appui de l'ambassadeur de Russie la confédération de Targowitz pour le rétablissement de l'ancien ordre de choses. La Saxe dédaigne la couronne qui lui est offerte; la Prusse met son alliance à un prix exorbitant. On ne veut plus des Polonais; on n'en veut pour rien ; on se promet, au contraire, de les faire payer à leur tour. Enfin le roi cède, et le triomphe de la noblesse polonaise aboutit (1794) à un nouveau démembrement. Pour la seconde fois, l'implacable haine du noble pour le paysan amène le partage de la patrie.

L'insurrection de Kosciusko a lieu aussitôt après, de mars à octobre 1794. Alors les patriotes polonais en appellent à la Révolution, demandent secours à la Convention, essaient des moyens de terreur. Tentative malheureuse, qui ne sert qu'à exaspérer les puissances alors en guerre avec le peuple français. La Pologne n'était pas à la hauteur d'un 93 ; ses chefs n'avaient pas le tempérament de nos révolutionnaires. Kosciusko ne peut pas plus se passer du concours de la noblesse que la convertir à ses réformes. Une sorte de septembrisade avait eu lieu à Varsovie (28 juin 1794). Kosciusko exigea que les auteurs principaux du massacre, au nombre de sept, fussent pendus. A la nouvelle de cette exécution, le Comité de Salut public de Paris exigea de Bars, ambassadeur de la République insurgée de Pologne, une réponse catégorique aux questions suivantes :

« Si le général Kosciusko assure d'un côté théoriquement qu'il se sert des moyens vraiment révolutionnaires pour sauver la Pologne, comment se fait-il qu'en pratique il agisse différemment ? Comment se fait-il qu'il ménage et reconnaisse, lui dictateur, pour souverain, le traître Stanislas-Auguste ; qu'il sévisse impitoyablement contre ceux qui, allant être fusillés pour la journée du 28 juin, ne se cachaient pas, et répondaient avec calme qu'ils avaient cru servir les intérêts de la patrie en assommant les vrais coupables? qu'il craigne d'affranchir spontanément les paysans, voulant ménager les intérêts et les priviléges de la noblesse? qu'il ménage enfin la perfide Autriche, qui est en guerre avec nous?... »

Bars, confus, se retira, ne pouvant nier des faits notoires, et la Convention, se retranchant dans la logique de ses principes, abandonna à son malheureux sort la nationalité polonaise.

Le partage de la Pologne fut ainsi consommé en 1796, et toujours, en dernière analyse, par la même cause; l'égoïsme des nobles, qui en 96 comme en 94, comme en 1773, comme en 1767, leur fit préférer l'aliénation de la patrie à l'émancipation des paysans. Napoléon, en 1807, ne révoqua point ce partage; il ne fit qu'y introduire un quatrième bénéficiaire, en donnant le duché de Varsovie à son ami le roi de Saxe. On se prévaut aujourd'hui, en faveur de la Pologne, de ce que Napoléon écrivit plus tard à Sainte-Hélène. Mais qu'est-ce que l'opinion de Napoléon, refaisant après coup sa propre histoire sur des données rétrospectives, auprès de celle du même Napoléon, obéissant, comme acteur principal, à la logique de l'histoire et en exécutant les arrêts?

La destruction de l'*anarchie* de Pologne, comme on a appelé cet État, apparaît à quiconque étudie froidement l'histoire de ce pays avec tous les caractères d'une nécessité vengeresse. Elle a été prévue, longtemps d'avance, par tous les hommes d'État qui ont touché aux affaires polonaises, par Étienne Bathori, par Jean-Cazimir, par Sobieski, par Leczinski, par les Czartoryski. Le démembrement s'est opéré le jour où il a été démontré que la Pologne était pour l'Europe un péril public : j'ose dire qu'on ne trouverait pas, ni dans l'histoire ancienne, ni dans celle du moyen âge, ni dans les temps modernes, un seul exemple d'une exécution aussi bien motivée. La suppression de l'État de Pologne, commandée par la sécurité des puissances voisines, était une délivrance pour les classes laborieuses : elles ont commencé à respirer depuis ces partages, qu'on nous représente comme des assassinats. Le partage, pour la plèbe polonaise, ç'a été l'émancipation.

Et maintenant à quelle justice, divine ou humaine, fera-t-on appel de cette condamnation sévère, mais irréfragable, de l'histoire ? Au droit de nature ? Mais, d'abord, le droit de nature exigerait au préalable, de la part des nobles polonais, non-seulement l'affranchissement de leurs serfs, devenus libres malgré eux, mais la restitution des terres qu'ils leur ont autrefois enlevées, et dont la possession injuste a été la cause première de tous les maux de leur patrie. S'il est un coin sur le globe où jamais il ait été vrai de dire, non au point de vue d'une critique transcendante, mais à celui de la pratique positive, que la propriété est le vol, c'est en Pologne. J'en atteste le général Miéroslawski... D'autre part, le droit naturel ne peut pas s'opposer au droit écrit, dont il n'est que le sentiment, l'idée spontanée et originelle. De grâce, si vous cherchez la justice, ne la demandez pas à la barbarie ; ne vous figurez pas, avec Rousseau, que vous la trouverez plus intelligente, plus humaine, chez les sauvages que chez les civilisés. Les invasions de barbares, les ruines qu'elles laissent après elles, vous détromperaient douloureusement.

Au droit ancien de la guerre et des gens? — Mais c'est le droit pur de la force. Croyez-vous que Charlemagne, que Rome ou Alexandre eussent souffert à côté d'eux une race turbulente, incapable, désorganisée, mangeuse de serfs, aussi longtemps que l'ont fait les puissances de l'Europe moderne? Le droit de la force, je vous le dis, s'est trop fait attendre à la Pologne : c'est pour cela qu'on élève aujourd'hui tant de nuages sur son application.

Au droit nouveau inauguré par le traité de Westphalie? — Mais j'ai expliqué que c'était précisément en vertu de ce droit que la Pologne, toujours en rupture d'équilibre, impuissante à exercer sa souveraineté autrement que par ses prostitutions, formant au centre de l'Europe civilisée un vaste hiatus, avait été et avait dû être démembrée. Quand une nation se montre rebelle à l'ordre universel, prétendrez-vous qu'il n'existe pour elle ni police ni justice, de même qu'il en existe une pour les individus? De quel droit alors avez-vous forcé l'entrée du Japon et de la Chine?

A l'esprit plus libéral des traités de Vienne? — En effet, ces traités, dont les procureurs de la Pologne demandent l'abrogation, ont daigné s'occuper des libertés intérieures de ce pays, ce que n'eût certes pas fait le traité de Westphalie qui ne regardait qu'à l'équilibre général. Les traités ont posé, en quelque sorte, la pierre d'attente de la réhabilitation polonaise, en invitant les souverains copartageants à faire jouir leurs sujets polonais respectifs d'une constitution. Les traités devaient-ils faire davantage? Voyons, examinons. En 1814, nous sommes à quarante ans du premier partage : les Polonais, par leur conduite récente, par leur philanthropie, avaient-ils fait oublier leurs anciens déportements?

Le mauvais génie de la Pologne a voulu que, depuis le coup de foudre qui, en 1773, détermina sa dissolution, elle agît constamment à contre-sens de ce que lui commandaient la saine politique, son caractère, ses devoirs et ses intérêts. Ainsi, après avoir repoussé la réforme des Czartoryski, réforme parfaitement conçue, qui en 1765 aurait passé sans exciter d'ombrages, les Polonais, éclairés par le premier partage, reviennent à l'idée d'une constitution. Mais en quel moment et de quelle manière? En 1791 et 1794, alors que la Révolution vient d'éclater sur le monde, ébranlant les trônes et faisant table rase de tous les priviléges. C'est à ce moment qu'ils affectent de se modeler sur la France, dont comme nobles ils détestent les principes et se promettent bien de ne pas suivre les grands exemples, jouant à la révolution, puis à la réaction, mais se gardant de faire leur nuit du 4 août, et ne sachant qu'inquiéter les puissances, dont bientôt ils s'attirent l'animadversion....

De 1797 à 1814, quelle est la tactique des Polonais? C'est de faire cause commune, d'abord avec le Directoire, puis avec le Consulat et l'Empire, sans égard au changement de principes qui s'était opéré dans le gouvernement français, sans nul souci du droit et des intérêts des nations voisines, sans s'apercevoir qu'avec la République ils étaient du parti des peuples contre les despotes, tandis qu'avec Napoléon ils étaient du parti du despotisme contre les peuples. Pendant quinze ans on les voit guerroyer, sous les drapeaux de Napoléon, contre l'indépendance des nationalités, à Saint-Domingue, en Italie, en Espagne, en Allemagne, en Russie, partout. J'admets qu'ils se soient acquis, par leurs services, des titres à la reconnaissance française, et que nos militaires aient quelque raison de considérer en eux des frères d'armes. Mais avaient-ils également mérité, en 1814, de tous ceux qu'ils avaient contribué à écraser, toujours sans distinction des temps ni des causes, à Zurich, à Marengo, à Hohenlinden, à Somo-Sierra, à Smolensk, à Borodino, et dans tant d'autres batailles? En 1799 et 1813 ils ont partagé nos revers, et c'eût été à nous de leur rendre l'indépendance, si la chose avait dépendu de notre volonté. Mais il faut bien reconnaître que plus nous leur devions, en 1814, de sympathie, plus les Russes, les Autrichiens, les Prussiens, les Allemands, les Espagnols, les Napolitains, avaient le droit de leur conserver de rancune, rancune qu'il nous est aussi défendu de blâmer que de partager. Que dis-je? Nous qui maintenant jugeons de sang-froid les gigantesques expéditions de notre premier Empereur, qui avons fait notre *meâ culpâ* de tant de victoires remportées en pure perte et pour une politique aussi démesurée ; nous qui avons serré la main aux *alliés*, n'avons-nous pas en définitive ratifié les trois partages? Et si nous réfléchissons qu'il n'a tenu qu'aux Polonais de profiter depuis 1815, sous la suzeraineté des empereurs de Russie, des avantages du régime constitutionnel stipulé pour la Pologne comme pour la France par les traités de 1815, pouvons-nous regretter cette ratification?

8.

Il est prouvé que, tandis que la Russie était traitée par ses empereurs en terre serve, la Pologne l'était par les mêmes en terre libre ; que pas un kopeck des contributions levées en Pologne n'entra jamais dans les caisses de l'Empire ; que tout était dépensé au service du Royaume ; que les fameux *six points*, à l'occasion desquels on a fait tant de bruit dans ces derniers temps, étaient depuis longues années acquis aux Polonais, à qui la Russie ne demandait autre chose que leur contingent militaire. Avec un peu plus de bon sens et moins d'égoïsme, les Polonais auraient compris que la situation qui leur était faite les plaçait à la tête de la Russie ; que dans un temps donné ils devenaient, par le seul effet d'une constitution observée de bonne foi, non-seulement libres, plus libres que leurs aïeux n'avaient jamais été, mais souverains de l'empire russe ; ils auraient pris l'initiative de ces réformes qui font aujourd'hui la gloire d'Alexandre II, tandis qu'elles ont achevé de les rendre, eux, odieux à tout ce qui porte un cœur de paysan. Jamais plus belle fortune ne s'était offerte à une nation conquise : qui la leur a fait repousser ? leur orgueil de nobles, de nobles polonais. Là est la vraie cause de la haine qu'ils témoignent pour le czar, et du mépris, plus grand encore, qu'ils ont pour les Moscowites. Le plan des Polonais, après 1815, a été uniquement de se servir de la constitution que leur avait donnée Alexandre Ier comme d'une machine contre les czars. Quelques années après cette constitution leur fut retirée : c'est justement ce qu'ils voulaient. Ce retrait leur a servi de prétexte pour se lever en 1831. Me direz-vous quelle pensée les dirigeait dans cette insurrection d'abord heureuse, mais qui après trois jours était jugée perdue par tous les hommes de sens ; insurrection dans laquelle éclatèrent, plus violentes que jamais, leurs vieilles discordes, et où ils se montrèrent aussi implacables vis-à-vis de la plèbe qu'au temps du grand Cazimir, surnommé par eux ironiquement le *Roi des Paysans* ? Le principe nobiliaire a été la fatalité de la Pologne.

Le tort des empereurs de Russie, vis-à-vis de la Pologne, a été, dès 1773, de ménager cette incorrigible noblesse, et de s'imaginer qu'avec de bons traitements, des faveurs, des emplois, ils la rattacheraient à leur gouvernement. Ils sont allés jusqu'à lui donner une constitution : quelle faute ! C'est la maladie des potentats d'aimer à s'entourer de privilégiés et de nobles ; les Louis XI sont des phénomènes dans l'histoire. Ainsi firent Louis XIV après la Fronde, et Napoléon Ier, rallié aux bleus et aux blancs contre les républicains rouges dès le lendemain de son coup d'État. En suivant cette politique, les empereurs de Russie ont fait cause commune avec les ennemis naturels de leurs peuples et manqué à leurs devoirs de souverains. Ils en ont été cruellement punis. Leur complaisance n'a recueilli que l'outrage ; et quand ils ont voulu sévir, ils se sont rendus odieux à l'Europe entière, qui n'a plus vu dans les Polonais envoyés en Sibérie que des martyrs de la patrie et de la liberté.

En 1846, ils recommencent leurs menées, et les paysans de Galicie les massacrent. On a essayé de faire croire que ce massacre avait eu lieu à l'instigation des autorités autrichiennes. Mais des révélations récentes, multipliées, nous ont appris ce qu'il convient de penser de cette allégation polonaise. Depuis longtemps la pendaison des paysans, l'incendie de leurs cabanes, sont les moyens de propagande des soi-disant révolutionnaires polonais contre la tyrannie moscowite. Ces pendaisons et ces incendies sont à double fin, d'abord, de contraindre par la terreur les paysans à se réunir à l'insurrection, puis de les lancer contre les Russes accusés d'être les auteurs de tous ces crimes. Le 11 novembre 1846, la république de Cracovie, constituée par les traités, mais qui pour son malheur servait de place d'armes aux conspirateurs, est incorporée à l'Autriche, avec l'assentiment de la Russie et de la Prusse. A qui la faute?

Je n'ai garde d'approuver, dans ce qu'elle a de barbare, la répression moscowite, d'autant moins qu'il n'est pas un Russe de quelque intelligence qui ne la déplore. Je suis de ceux qui croient que plus un ennemi montre d'acharnement, plus il convient d'agir envers lui avec générosité. C'est la gloire de notre humanité que si les peuples sont fatalement entraînés par moments à se faire la guerre, ils ne se la fassent pas en bêtes féroces et en brigands. Mais il y a quelque chose de plus odieux que tout ce que font, dans leur colère, les Mourawieff et les Berg, c'est de spéculer sur l'atrocité même de la répression, comme le font les Polonais avec un machiavélisme aristocratique auquel on voit que le sang ne coûte pas plus que la calomnie. Au reste, les Polonais peuvent dire maintenant de leurs oppresseurs tout ce qu'ils voudront; je défie qui que ce soit, après ce que nous avons appris depuis un an de leur Sainte-Vehme, de les croire.

Maintenant on change de tactique. Après s'être longtemps prévalus des traités de 1815, qui leur garantissaient une constitution, — comme s'ils s'étaient jamais souciés le moins du monde de constitution !... après avoir osé dire que le seul obstacle qu'ils rencontrassent à l'émancipation des paysans, c'était le czar, — comme si jamais, en Pologne, le noble se fût occupé du paysan autrement que pour le piller et le knouter !... les Polonais lèvent le masque. Ils déclarent qu'il ne s'agit pas de tout cela ; que leur aptitude gouvernementale ne regarde qu'eux ; que, n'ayant jamais eu de souverains despotiques, les traités de 1815 n'avaient point à leur garantir une constitution, mais bien à leur rendre leur nationalité ; que sous ce rapport ils ne tombent pas sous la loi de Vienne ; quant à ce qui est de leurs paysans, que personne n'a droit de leur faire de reproche ; que le paupérisme et la misère sont endémiques dans l'Europe entière, et que si la noblesse polonaise a fait preuve à l'égard de ses prolétaires d'une charité médiocre, elle attend encore les bons exemples qui doivent lui apprendre à les enrichir.

Puis, faisant une dernière volte-face, ils ajoutent que la Pologne est indispensable à l'équilibre européen ; que sa mission dans l'avenir, comme dans le passé, est d'opposer une barrière à l'invasion moscowite, invasion dont la menace se laisse de plus en plus apercevoir ; en sorte que le plus pressant intérêt de l'Europe, à les entendre, serait, en rétablissant la Pologne dans ses limites de 1772, de réparer la faute commise par les hommes d'État à courte vue et les stratégistes inexpérimentés de Vienne. Pour appuyer leur sollicitation, ils vont jusqu'à faire aussi des menaces. Ils donnent à entendre que si les puissances ne font droit à leur requête, ils se rejette-

ront dans les bras de l'autocrate, et qu'alors on verra !...
Bientôt ils nous feront peur des sicaires de leur gouvernement occulte. Et pourquoi pas? Il existe à Paris des journaux français tout prêts à applaudir.

Chose intolérable, qui me fait monter le sang au visage, la Pologne aristocratique a le verbe plus haut à Paris qu'aucun de nos vieux partis ; elle jouit de plus d'autorité que le suffrage universel lui-même. Elle trouve aussi simple aujourd'hui de faire servir à ses desseins notre naïveté chauvinique, dût-il nous en coûter l'invasion et la banqueroute, dût l'Europe entière s'écrouler sur nous, qu'elle trouvait naturel autrefois de mettre à contribution la vanité des princes, en leur offrant ses princesses et sa couronne. La Pologne régente de haut la politique du gouvernement; elle dispose de toute la presse, tandis qu'à nous, républicains de Février, on ne permet pas d'avoir un carré de papier périodique où nous puissions exhaler nos plaintes et déposer nos espérances. Elle domine dans les conseils de cette soi-disant Opposition, que nous entendrons bientôt reprocher au gouvernement impérial les 200 millions dépensés au Mexique, pendant qu'elle demandera un milliard et cent cinquante mille hommes pour la Pologne. Ne faut-il pas que MM. Havin et Guéroult fassent campagne, et illustrent par des victoires leur démocratisme césarien ?... La Pologne pérore, lance des défis, donne des démentis, fait rage au Sénat ; elle prêche par la bouche de nos évêques; elle dogmatise à l'Académie ; je crois même qu'elle s'essaye à la narration dans nos lycées. Bientôt nous ne penserons, nous ne raisonnerons et ne conclurons plus que par la Pologne.

A propos de cette future invasion moscowite, dont on ne s'est pas découragé depuis la campagne de Crimée de semer parmi nous l'épouvante, on a inventé récemment, au profit des Polonais, une théorie empruntée aux sciences géologique et ethnographique, tendant à établir que les limites naturelles de la Pologne, et comme race ou nationalité et comme territoire, sont, du côté de la Russie, à la Dwina et au Dniéper; que là finit le monde européen et slave, et commence le monde asiatique, touranien et mongol; qu'entre ces deux mondes il n'y a pas de ralliement possible, pas de rapport ni de politique, ni de mœurs, ni de croisement, non plus qu'entre les Anglo-Saxons et les Peaux-Rouges; que les Moscowites, comme on affecte aujourd'hui d'appeler exclusivement les Russes, doivent à tout prix être rejetés dans leurs steppes; qu'à cette condition seulement l'Europe sera sauvée de la barbarie tartare.

Depuis l'époque du premier partage, il s'est organisé contre la Russie un système de dénigrement dont il faut croire que nous voyons en ce moment le dernier terme. La haine du Russe en Europe est bien portée. En cela gens du peuple et gens à la mode se montrent aussi intelligents les uns que les autres, ne faisant aucune différence entre les époques et les règnes, ne tenant compte des fatalités et des tendances, oubliant surtout ce qu'il y a de monstrueux dans ces condamnations collectives de peuples et de races. C'est la Russie qu'on a rendue principalement responsable du démembrement de la Pologne, dont cependant elle n'a été que tiers participant; c'est à ses conseils qu'on rapporte la pensée première du partage, bien qu'on sache que l'homme de génie, comme l'appelait justement Voltaire, qui décida cette grande mesure malgré les répugnances de Marie-Thérèse et de Catherine, fut le grand Frédéric. N'osant traiter de barbares des puissances telles que l'Autriche et la Prusse, on a réservé pour la Russie, beaucoup moins avancée, tous les anathèmes ; et cependant voici que la Russie a plus fait en trois ans pour le progrès de ses peuples et l'amélioration de son gouvernement, par suite pour la sécurité de l'Europe, que les Polonais des Boleslas, des Cazimir, des Sigismond, des Poniatowski, n'ont fait en huit siècles. Maintenant, poussant l'outrage jusqu'à la dérision, on dénie aux Moscowites la qualité de Slaves ; on leur ôte le nom de Russes ; on les dit pétris d'un autre limon que les riverains de la Vistule, de la Dwina et du Dniéper ; on les retranche de la liste des nations civilisées ou civilisables et des races nobles, et l'on demande, au nom du salut public, qu'ils soient refoulés par delà l'Oural, en attendant que l'expansion des vrais Slaves les aille exterminer au fond du Kamtschatka.

Telle est la thèse, dernier corollaire du principe des nationalités et de celui des frontières naturelles, qu'on se propose sans doute de développer devant le futur Congrès. On se disait, à propos de la Pologne et de ses hautes prétentions : « Mais les Lithuaniens ne sont pas des Polonais ; les Ruthènes ne sont pas des Polonais ; les habitants de la Prusse orientale et du duché de Posen, en partie Allemands ou germanisés, ne peuvent pas être restitués comme Polonais. En fait de frontières, c'est-à-dire de grandes lignes stratégiques données par la nature, la Pologne n'en a pas, ni au nord, ni à l'est, ni à l'ouest. C'est le pays le plus effacé de la terre ; elle ne possède, au midi, que la chaîne des Karpathes qui la sépare de la Hongrie, mais qui ne saurait suffire pour délimiter une Pologne. » Ces doutes faisaient hésiter les plus amis. Avec la théorie dont je parle, on n'est embarrassé de rien. Le cadre est élargi ; il y aura place pour les Prussiens, les Autrichiens, les Hongrois, les Moldo-Valaques, les Turcs eux-mêmes, place pour tout le monde, excepté pour ces affreux Moscowites. Il sera aussi aisé de constituer l'unité slave sous l'hégémonie de la Pologne, après en avoir éliminé l'élément tartare ou moscowite, que l'*unité des races latines*, cette unité essayée à si grands frais par Louis XIV et Napoléon Ier, et qui vient d'être remise sur le tapis à l'occasion du Mexique.

On va m'appeler russophile, je m'y attends ; on m'appellera comme on voudra : je ne m'en émeus guère. Mais je rougirais de mon pays et de mes contemporains, s'il ne se trouvait parmi nous un homme pour protester contre ces jongleries polonaises, suite aux jongleries italiennes de l'an passé. J'ai attendu tant que j'ai pu ; pourquoi faut-il que cet homme ce soit moi ? Je déclare donc que dans mon opinion toutes les races humaines ont le même droit à l'existence, le même droit à entrer dans le cercle de la civilisation, et que c'est un crime de prétendre en exclure une seule ; en ce qui concerne les Moscowites, que je les regarde comme de vrais Slaves ; qu'à mon jugement ils ont parfaitement le droit de prendre le nom de *Russes;* pour ce qui est des aptitudes intellectuelles et morales, qu'en somme Russes et Polonais à peu de chose près se valent; si les Polonais ont plus de brillant, les Russes ont montré jusqu'à présent une supériorité politique incontestable, et que ce qui se passe sous nos yeux, comme ce qui s'est passé depuis quatre siècles, fournirait au besoin la preuve que c'est plutôt aux Russes à nous garder des Polonais qu'aux Polonais à nous garder des Russes. Je dis que plus la Russie fera de progrès dans la civilisation et dans les voies constitutionnelles, plus elle perdra son humeur envahissante ; que plus ses paysans, émancipés d'hier, s'instruiront et s'enrichiront, se formeront aux arts et aux mœurs sédentaires, moins nous aurons à les craindre ; que là est le vrai gage de notre sécurité, le véritable contrefort de l'Europe. Venant aux territoires, j'ajoute que si le bassin du Volga diffère par sa constitution géologique de celui du Dniéper, on peut trouver des différences analogues entre les fleuves des pays les plus civilisés ; que d'ailleurs il ne faut pas seulement considérer la composition des couches, mais la direction des bassins, bien autrement importante pour la distribution et le gouvernement des États ; que sous ce rapport le bassin du Dniéper n'a rien de commun avec celui de la Vistule, tandis qu'il se rapproche beaucoup de celui du Volga ; au total, qu'il y a moins de raison d'avancer de ce côté la frontière polonaise que d'en reculer la frontière russe.

Mais je laisse de côté ces élucubrations pédantesques, où la malveillance se trahit à chaque ligne, et dont tout le mérite est de mêler à tort et à travers géologie, politique, histoire naturelle et droit des gens. Et voici l'argument que je me contente d'opposer aux Polonais et à leurs avocats résurrectionnistes, prêcheurs de nationalités et de frontières naturelles :

Ce que vous voulez, on le devine, c'est de reformer

dans d'autres conditions, sous d'autres dynasties, avec d'autres centres, au profit d'autres partis, de grandes unités politiques, en remplacement de celles qui existent. Cette prétention est inadmissible, par la raison que je m'en vais vous dire.

En principe, laissant de côté toute cosmogonie et raisonnant seulement au point de vue de la pratique immémoriale des gouvernements, toutes les nations, quels que puissent être le nombre de têtes dont se compose chacune d'elles et l'étendue de son territoire, doivent être considérées comme indigènes du sol qu'elles occupent respectivement, indépendantes à l'origine, et souveraines. C'est dans cet état d'indépendance et d'autochthonie que les saisit la civilisation. Emportées par un mouvement séculaire, nous les voyons tour à tour se rapprocher, se pénétrer, s'absorber, former des groupes de plus en plus grands; puis se désagréger, se séparer, et, après avoir vécu pendant des temps sous des lois et des institutions communes, tendre de nouveau à se gouverner à part, à vivre de leur propre vie, en vertu de l'éducation acquise. C'est ce travail de fusion et de séparation alternatives que nous montre l'histoire de la formation des États, de leurs guerres, de leurs alliances, de leurs accroissements, puis de leur décadence et de leur dissolution. Mais cette dissolution, qui pour plusieurs témoigne d'une impuissance organique radicale, considérée de plus haut, n'est autre chose que le phénomène de métamorphisme qui, après avoir formé les nations en un petit nombre de grandes unités politiques, doit les ramener toutes, par le progrès du droit et de la liberté, à des groupes d'États de dimensions plus restreintes. La science, l'industrie, le commerce, les arts de la paix, le perfectionnement des constitutions, sont les agents de cette réforme, où il impliquerait contradiction que la guerre jouât le principal rôle. Les États actuels de l'Europe peuvent être regardés comme le dernier produit du mouvement agglomérateur et unitaire, de même que la constitution géologique actuelle est le produit de la dernière révolution du globe. Le traité de Westphalie, en posant le principe d'équilibre, nous indique le moment où a commencé de s'arrêter l'agglomération ; les traités de 1815, en ouvrant l'ère constitutionnelle, ont préparé la dissolution.

Maintenant que prétendez-vous ? Suivre le mouvement de l'histoire, en réduisant graduellement, par une division systématique, les grandes souverainetés, et ne laissant subsister à leur place que des groupes d'États indépendants les uns des autres, unis seulement par un contrat de garantie mutuelle ? Si tel est votre but, je suis d'accord avec vous ; nous n'avons qu'à nous donner la main. Mais non, ce n'est pas ce que vous voulez. Tout *anarchistes* que vous a faits la nature, Polonais, vous avez d'autres visées. Autrement, à quoi bon cette pétition de nationalité ? A quoi bon ce rétablissement de la Pologne dans ses anciennes limites ? A quoi bon ce démembrement de la Russie, de la Prusse, de l'Autriche, en réparation du vôtre ? A quoi bon ce remaniement de l'Europe ? Ce que vous voulez, aujourd'hui comme autrefois, comme toujours, car vous êtes nobles, c'est d'exploiter, c'est de régner. Pour cela vous ne tendez à rien de moins qu'à renverser l'ordre historique en créant sur nouveaux frais, à la place des unités qui s'en vont, des unités plus jeunes, d'autant plus avides, plus absorbantes, et, par leur esprit de nationalité comme par leur orgueil de caste, plus antagoniques. Vous voulez revivre, mais en dehors des conditions de la vie moderne... Le rétablissement de votre nationalité aurait ainsi pour conséquence, vous ne l'ignorez pas, en Pologne, de produire une réaction et une recrudescence nobiliaire, qui, donnant une autre forme à l'exploitation du paysan, ajournerait à des siècles la création du peuple polonais ; — en Russie, d'étouffer dès leur naissance le développement des libertés publiques, de relever le privilége seigneurial et de rejeter le pouvoir dans l'absolutisme ; — en Hongrie, de rendre l'essor au parti magyar, ennemi, comme vous, de la plèbe et des nationalités ; — en Prusse et par toute l'Allemagne, de soutenir le vieux parti féodal, que repoussent les catholiques eux-mêmes ; — en France, en Belgique et partout, d'assurer le triomphe de la féodalité industrielle, le règne des agioteurs, cause première et fondement du paupérisme moderne ; — dans l'univers catholique, de consolider le parti épiscopaliste et jésuite, dont ne veulent plus les âmes religieuses. Et tout cela, pour satisfaire à un aristocratisme de mauvais aloi, qui a mérité sa déchéance et qui ne sait pas mourir. Ou la logique n'est de rien dans les affaires humaines, ou telles sont les conséquences qu'entraîne le rétablissement de la Pologne. Est-ce que les vingt-trois millions de serfs qu'a émancipés le czar nous offrent de pareils dangers ? Je proteste contre cette trahison envers les peuples. A l'exemple de vos ancêtres, je vous oppose, mon *veto* de citoyen français : Polonais, le passé, le présent, l'avenir; la liberté, le progrès, le droit; la Révolution et les traités, tout vous condamne. Votre seule gloire désormais est d'accepter votre condamnation. Hésiter serait à vous indigne. Souvenez-vous de cette forte parole du soldat romain à Néron, dans Suétone, alors que l'exécrable empereur, mettant le comble à la lâcheté, après avoir mis le comble au crime, fuyait devant la mort : *Usque adeòne mori miserum est* ? Est-il donc si malheureux de mourir ?

VII. — Conclusion. — Les traités de 1815 sont indestructibles : suite que le futur congrès est appelé à leur donner.

Les traités de 1815 existent, je le prouve,

1° Parce qu'ils sont la conclusion logique, nécessaire des événements antérieurs ;

2° Parce qu'ils continuent le traité de Westphalie dont ils reproduisent, comme leur premier article, l'idée fondamentale ;

3° Par le principe qui leur est propre, principe qui est entré depuis 1815 dans le droit de l'Europe, dans la philosophie de l'histoire et dans les catégories de la politique; principe enfin dont les traités sont la plus haute garantie ;

4° Par l'application et le développement qu'a reçus partout ce principe ;

5° Par la délimitation qui a été faite en 1815 des États de l'Europe, et qui depuis cinquante ans n'a pas subi de changement essentiel ;

6° Par la continuité des relations diplomatiques qui ont créé entre les États une vie collective, conformément à l'esprit des traités ;

7° Par les infractions qui ont été commises contre les traités, et la répression dont elles ont été immédiatement l'objet ;

8° Par l'ensemble du mouvement européen, toujours dans le sens des traités, tandis que la résistance seule leur est contraire ;

9° Par la chute des dynasties de Bourbon en France et à Naples, toutes deux réfractaires aux traités ;

10° Par le maintien de celle d'Espagne, revenue à temps à la promesse d'une constitution ;

11° Par la séparation de la Belgique et de la Hollande, conséquence du mauvais vouloir du roi Guillaume ;

12° Par le refus de Louis-Philippe d'accepter pour lui-même ou pour l'un de ses fils la couronne des Belges ;

13° Par la neutralisation de la Belgique ;

14° Par l'occupation d'Ancône ;

15° Par l'abandon de l'insurrection polonaise en 1834 ;

16° Par les traités de 1840 et 1841, relatifs à la question d'Orient, et qui fit rentrer la France dans le concert européen ;

17° Par les conséquences fâcheuses qu'eurent pour la monarchie de Juillet les mariages espagnols ;

18° Par le retentissement de la révolution de Février ;

19° Par l'expédition de Rome, faite par la République française contre la République romaine, 1849 ;

20° Par l'intervention de l'armée russe dans la guerre de Hongrie ;

21° Par le rétablissement de l'Empire, accompli sous cette condition : *L'Empire, c'est la paix ;*

22° Par l'expédition de Crimée, entreprise pour maintenir l'équilibre en Orient ;

23° Par la constitution indépendante des provinces moldo-valaques ;

24° Par l'admission de la Turquie dans le système européen ;

25° Par l'expédition de Lombardie ;

26° Par le traité de Villafranca ;

27° Par la modestie de Napoléon III qui, conquérant de la

Lombardie, la remet à Victor-Emmanuel et se contente d'une simple rectification de frontière ;

28° Par la défaite de Garibaldi à Aspromonte ;

29° Par les protestations réitérées de l'empereur des Français contre les annexions du royaume de Naples, du duché de Toscane et des États de l'Église au royaume d'Italie ;

30° Par la conservation de Rome et de son territoire au Pape ;

31° Par l'intervention de la diplomatie, au nom et en vertu des traités de 1815, dans les affaires de Pologne ;

32° Par l'abandon que font de la Pologne les mêmes puissances, ainsi qu'elles avaient fait en 1831, dès que les Polonais déclarent ne pas reconnaître les traités;

33° Enfin, par la proposition d'un Congrès.

Les traités existent donc : le double principe qui est en eux, et qui depuis 1814-1815 s'est incorporé dans les faits, les a rendus indestructibles.

Si les traités de 1815 existent, comme il est impossible d'en douter après l'examen auquel nous venons de nous livrer ; si, par l'efficacité de leur principe et par cinquante années d'application, ils sont devenus inviolables ; si l'on ne peut y toucher sans attenter à l'existence de l'Europe entière, il est clair que la phrase du message impérial : *les traités de 1815 ont cessé d'exister*, ne peut se prendre au pied de la lettre. C'est une expression figurative, hyperbolique, j'ai même dit mystique, qui, dans l'imagination des masses auxquelles s'adresse surtout le message, sert à peindre en cinq ou six mots toute une situation. Quand même ce message ne contiendrait aucun indice que c'est bien ainsi qu'il convient d'interpréter les paroles de l'Empereur, la violente contrariété des faits nous y obligerait. Mais nous n'en sommes pas réduits à de pures suppositions. L'Empereur a dit encore :

« Le moment n'est-il pas venu de *reconstruire* sur de nouvelles bases l'édifice miné par le temps?...

« N'est-il pas urgent de *reconnaître*, par de *nouvelles conventions*, ce qui s'est irrévocablement accompli, et d'accomplir, d'un *commun accord*, ce que réclame la paix du monde?

Reconstruire l'édifice miné, *reconnaître* les faits accomplis : voilà qui ne me semble pas douteux. L'Empereur veut dire, non pas que la destruction des traités de 1815 doive être tenue pour *accomplie*, comme il plaît à certains esprits brouillons de le soutenir. Aucun fait accompli n'a abrogé les traités de 1815 ; loin de là, rien de ce qui s'est fait contre les traités n'a obtenu son accomplissement, témoin l'unité italienne qui est loin d'être un fait accompli.

L'Empereur a voulu dire que ce qui est accompli, c'est l'ordre général que les traités ont créé en Europe; puis il fait observer que ces mêmes traités, si puissants dans leur double loi, si libéraux dans leur garantie, n'ont pas été généralement compris; que les violations auxquelles ils ont été en butte, surtout de la part des souverains, ont ébranlé la confiance des peuples; qu'une déclaration plus explicite est devenue indispensable; et c'est à cette déclaration, dont le but est de faire taire *les passions subversives* et les *partis extrêmes*, que Napoléon III convie les souverains. C'est encore ainsi que dans sa lettre de convocation, tout en répétant que les traités de Vienne sont *méconnus, menacés, détruits*, il conclut à la nécessité, non de les abroger, mais *de consacrer, en les révisant, les transformations accomplies.*

Ce n'est pas tout. L'Empereur n'a pas songé seulement à la révision des traités; il a convoqué un Congrès. Il a donc pensé que les traités de Vienne devaient avoir une suite; que depuis 1814-1815 de nouveaux besoins se sont fait sentir, des idées ont dû naître, idées qu'il importe de fixer à leur tour, comme étant le développement légitime et la consécration des anciennes. Ainsi,

I. Réviser les traités;

En renouveler, par une rédaction plus expresse et plus authentique, qui ne laisse pour les rois et pour les peuples subsister aucun doute, les dispositions fondamentales;

Régulariser les modifications qui, dans la partie purement exécutoire, y ont été apportées :

En conséquence,

1° Notifier à l'empereur de Russie que le Congrès se tient pour satisfait de ses explications; qu'il n'attend que de sa prudence la pacification de ce pays ; qu'il ne doute pas que la Pologne, éclairée enfin sur les causes de son infortune et n'attendant plus rien des sympathies de l'Europe, ne s'apaise d'elle-même; mais que le Congrès, et avec lui toute la démocratie de l'Occident, seraient heureux d'apprendre que l'empereur, mettant le comble à ses bienfaits, a donné des terres aux paysans de Pologne comme à ceux de Russie, réduit les domaines seigneuriaux à un maximum de dix hectares, et doté la Pologne et la Russie, désormais confondues, d'une constitution représentative, basée sur le suffrage universel;

2° Relativement au Sleswig-Holstein, proposer une solution conforme à l'esprit des traités et à l'interprétation qu'ils ont reçue des événements depuis un demi-siècle;

3° En ce qui concerne l'Allemagne, dont les Altesses Sérénissimes et Villes libres ont été appelées au Congrès, engager les populations germaniques à se méfier des tendances unitaires ; à conserver précieusement leurs cadres actuels ; à réformer leur Confédération d'après ce principe, que le pacte fédéral doit être formé entre les nations, non entre les princes; dans le cas où il se manifesterait parmi ces derniers des velléités de réaction, à se souvenir que la destitution du prince ne doit pas entraîner l'aliénation du pays et de l'État :

Telle doit être, la première partie des opérations du futur Congrès.

Quelle sera la seconde?

II. Formuler le principe ou l'idée que les cinquante dernières années ont dû faire naître dans la pensée générale, et qui sera celle de la seconde moitié du XIX° siècle ; idée qui, jointe aux deux grands principes donnés par les traités de Westphalie et de Vienne, doit compléter notre droit des gens et donner sa forme au système européen.

Il s'agit de découvrir ce troisième principe, dont nous pouvons déjà, d'après l'interprétation que nous venons de faire des paroles de l'Empereur, donner la loi de filiation, en autres termes, la condition d'origine.

Le traité de Westphalie n'abrogeait pas l'ancien droit de la guerre et des gens; il n'a fait qu'y apporter une réserve féconde et harmonique, l'idée d'*équilibre*.

Tout de même les traités de Vienne n ont point abrogé celui de Westphalie; ils en ont été la continuation, en ajoutant au principe posé par celui-ci l'idée, de la plus haute importance pour les peuples et pour les États, d'une *garantie* réciproque de constitution.

Loi d'équilibre entre les États, loi d'équilibre au sein de chaque État : telle est la double pensée sortie des délibérations de Munster et de Vienne.

Actuellement il faut une troisième idée, logiquement déduite des deux autres, qui les complète et les sanctionne; qui, sans entrer dans la voie dangereuse des remaniements de limites, neutralise, par la distribution intérieure de la souveraineté et du gouvernement, les fâcheux effets de l'inégalité entre les États, et assure davantage la liberté des peuples.

Cette idée existe, déjà elle circule : mais il n'appartient pas à un simple écrivain de s'en faire le prophète. Elle doit sortir des entrailles de la situation, être acclamée par toutes les bouches, et recevoir le baptême du chef qui, le premier, a fondé l'honneur de son règne sur le triomphe des idées, le renoncement aux conquêtes et le désarmement universel.

FIN.

www.ingramcontent.com/pod-product-compliance
Lightning Source LLC
Chambersburg PA
CBHW070301100426
42743CB00011B/2300